杜甫传

青少插图版

随园散人　子宛——

著

北方联合出版传媒(集团)股份有限公司

万卷出版有限责任公司

"会当凌绝顶，一览众山小"，这是他的豪迈；"花径不曾缘客扫，蓬门今始为君开"，这是他的悠然。当然，他也曾清高地说："丹青不知老将至，富贵于我如浮云。"但是最终，他在人们心中是一个忧国忧民的诗人形象。

——随园散人

题杜甫画像

　　吾观少陵诗，为与元气侔。力能排天斡九地，壮颜毅色不可求。浩荡八极中，生物岂不稠。丑妍巨细千万殊，竟莫见以何雕锼。惜哉命之穷，颠倒不见收。青衫老更斥，饿走半九州。瘦妻僵前子仆后，攘攘盗贼森戈矛。吟哦当此时，不废朝廷忧。常愿天子圣，大臣各伊周。宁令吾庐独破受冻死，不忍四海寒飕飕。伤屯悼屈止一身，嗟时之人我所羞。所以见公画，再拜涕泗流。惟公之心古亦少，愿起公死从之游。

——王安石

月夜忆舍弟

戍鼓断人行，边秋一雁声。

露从今夜白，月是故乡明。

有弟皆分散，无家问死生。

寄书长不达，况乃未休兵。

杜甫

春夜喜雨

杜甫

好雨知时节，当春乃发生。

随风潜入夜，润物细无声。

野径云俱黑，江船火独明。

晓看红湿处，花重锦官城。

登高

风急天高猿啸哀，渚清沙白鸟飞回。
无边落木萧萧下，不尽长江滚滚来。
万里悲秋常作客，百年多病独登台。
艰难苦恨繁霜鬓，潦倒新停浊酒杯。

杜甫

江南逢李龟年

岐王宅里寻常见，崔九堂前几度闻。

正是江南好风景，落花时节又逢君。

杜甫

望岳

岱宗夫如何？齐鲁青未了。
造化钟神秀，阴阳割昏晓。
荡胸生层云，决眦入归鸟。
会当凌绝顶，一览众山小。

杜甫

绝句

两个黄鹂鸣翠柳，一行白鹭上青天。
窗含西岭千秋雪，门泊东吴万里船。

杜甫

春望

国破山河在，城春草木深。
感时花溅泪，恨别鸟惊心。
烽火连三月，家书抵万金。
白头搔更短，浑欲不胜簪。

杜甫

序言

千秋诗圣

唐诗的美，像美酒一样，带着浓浓的酒香，在云月之下，山水之间，甚至是市井人家、天涯古道，多情地招摇着。俊逸的李太白，恬淡的王摩诘，窈眇（miǎo）的李义山，素朴的白乐天，都在那里举着酒杯，半醉半醒。

整个大唐，似乎都在酒杯里摇摇晃晃，风情万种。

唐诗，就在辽阔的大地上肆意生长，长出了寂寞与风流。

隔着一千多年的岁月，我们仍能看到，飘洒如风的李白，在一片醉意朦胧中，短歌长啸，而在远方的，是他的知己，一个叫杜甫的诗人，一边挂念故友，一边心系苍生。

如果说李白是以梦为马，那杜甫便是以笔为刀。在大唐盛世渐渐凋落的时候，杜甫褪去了青涩与疏狂，变得冷静而犀利。社会的动荡，百姓的疾苦，时局的混乱，朝廷的昏暗，都出现在他的笔下，无比清晰，无比苍凉。

他被称为"诗圣"，他的诗则被称为"诗史"。

在唐朝那个诗人辈出的时代，想得到"诗圣"这个称号，可是相当不容易的一件事，得在诗歌上获得极高成就才行，不然后面写诗的人是不会服气的。

杜甫一生写了一千五百多首诗，很多是千古流传的名篇，像著名的"三吏""三别"，至今还为人传唱，影响深远。因为杜甫的诗注重描写现实社会，读他的诗就像读历史一样，所以又有了"诗史"这个称号。另外，杜甫诗歌的风格也相当丰富，有的豪放大气，有的清新典雅，有的沉郁顿挫，是一位继往开来的诗歌集大成者。

律诗是杜甫最拿手的绝活，在他写的诗中占有极重要的地位。在盛唐时期，律诗虽然流行，但还不是特别成熟。早期的五言律诗大部分是些闲散消遣的作品，感慨一下眼前的生活，很少触及广阔的人生，也没有人刻意去琢磨字词的用法、韵律的协调，所以这时的律诗还处于雏形阶段，只能说是才刚刚起步。

五言律诗尚且是这样，那比它字数更多、结构更复杂的七言律诗就更不用说了。还好，随着时间的推移，人们对律诗逐渐热情了起来，经过了王维、岑参、贾至等诗人的刻意锤炼，律诗才慢慢在形式上达到成熟。只不过呢，这一时期的七言律诗虽然有些好作品，但内容上还是没多大发展，绝大部分就是应酬往来的工具诗，比如宴会上写首诗助助兴，送别时给朋友来首诗以作纪念等等，题材上比五言律诗更狭窄。

七言律诗就这样缓慢地发展着，像被装进套子里似的，一步一步地往前挪，直到碰到了杜甫，才终于从套子里钻了出来，看到了一番广阔的新天地。

以前的七言律诗，大多就在酒宴送别或者登高望远的时候露个脸，但到了杜甫这里，律诗的境界一下就高了起来，而且题材也更广泛了。在他笔下，什么都可以写进律诗中，像是什么应酬来往、情感抒发、游子在外漂泊、宴会游玩、欣赏山水、点评时事等，都成了律诗的主场，让其他的诗人都看得目瞪口呆。

而且，无论是五律还是七律，杜甫都很擅长，并且能将各种事物与那些严格的格律融合在一起，运用自如，写得纵横肆意，变化无穷，将律诗的价值提到了足够与古诗、绝句并立的高度。

当然，最著名的，还得是这首被推崇为"千古七律第一"的《登高》：

风急天高猿啸哀，渚清沙白鸟飞回。
无边落木萧萧下，不尽长江滚滚来。
万里悲秋常作客，百年多病独登台。
艰难苦恨繁霜鬓，潦倒新停浊酒杯。

在武侠小说里，有个高境界的词叫作"心中无剑"，越厉害的剑客，就越不会去记那些剑谱，一招一式，都只是根据现实需要，看似随意，实际却毫无破绽，达到了人剑合一的境界。这样的剑客，才是大师级别的人物。

杜甫写的律诗，也正是心中无剑的另一种体现，律诗的特点在于一个"律"字，也就是句句要遵循格律。很多人为了押韵对仗，就容易出现格律对了，内容却很别扭的情况。杜甫的律诗却能做到另一个境界，读起来十分自然，仔细一看，才发现是一首对仗严谨的律诗，一点雕琢的痕迹都没有。

比如这首《春夜喜雨》："好雨知时节，当春乃发生。随风潜入夜，润物细无声。野径云俱黑，江船火独明。晓看红湿处，花重锦官城。"

读起来朗朗上口，格律严谨却又浑然一气，可见大师功底。

先天的文学天赋，加上后天的不断锤炼，锻造出了惊世的才华，杜甫以一种"语不惊人死不休"的态度来写诗，不仅留下了传诵千古的诗句，后人从他的诗句中，还总结出了许多成语。比如成语"历历在目"来自他的诗句"历历开元事，分明在眼前"，"别开生面"来自他的诗句"将军下笔开生面"。还有炙手可热、惨淡经营等成语，也是来自他的诗。

另外，还有一点需要说明，杜甫"诗圣"中的这个"圣"字，其实不光是指他诗写得好，也指他具有圣人般悲天悯人的情怀。也正是这份情怀，使得人们在欣赏杜甫杰作之余，更对他的人格有了无限的钦佩。后世的人们，纷纷用行动表达了对这份情怀的追慕。

在中唐时期，有一场著名的诗歌革新运动，叫作"新乐府运动"，用新题来写乐府诗，想要通过文化上的革新，对当时腐败的政治产生影响，挽救一天天衰弱下去的国势。人们大多知道这场运动与白居易、元稹有关。那句"文章合为时而著，歌诗合为事而作"更是为人熟知，提倡诗文应该要与社会现实相关，具有实际的作用。

但很少有人注意到，其实新乐府诗始创于杜甫，受到元结、顾况的继承，又得到元稹、白居易的大力提倡，加上元白二人才华出众，创作了不少新乐府诗，对当时社会产生了很大影响，这场轰轰烈烈的运动也取得了巨大成就。

元稹曾经这样评价杜甫："至于子美，盖所谓上薄风雅，下该沈宋，言夺苏李，气吞曹刘，掩颜谢之孤高，杂徐庾之流丽，尽得古今之体势，而兼文人之所独专矣。"这句话的大概意思，就是在夸赞杜甫是个集历代诗人优点于一身的全能型牛人，他的诗，无论是在精神、韵律、文字、气势、境界上，都是大师级别的，可以说是相当高的评价了。

在中唐时期，人们虽然已经意识到杜甫的"集大成"成就，但还没有出现集体尊杜的现象，直到宋代，杜甫才被推上神坛，并且越来越受到后人的推崇，其中很大一部分原因，就是杜甫那种以天下为己任的儒家精神。在北宋时期，文人治国，儒家思想成为主流，杜诗日益受到重视，甚至在当时获得了与儒家"六经"同等的地位。

南宋时期，时局动荡，国势衰微，出现了一大批爱国诗人，这些诗人从杜诗中仿佛读到了现在的南宋，读到了战争的惨烈，读到了百姓生活的困苦，读到了家国天下的情怀，读到了忠君爱国的赤子之心，读到了年华易老壮志难酬的无奈，读到了天下能够早日平定的渴望。在读诗的过程中，他们的心也与这位诗人产生了共鸣，使得杜诗的影响力进一步加强。

在南宋末期，还形成了以杜甫为宗的江西诗派，一度影响了南宋诗坛的诗风。国势衰微、山河破碎的场景总是在历史上不断上演，明末清初的顾炎武等人也有明显的学杜倾向。

清代的杨伦曾说："从六朝以来，乐府诗的诗题大多互相模拟抄袭，将以前的旧题目写了又写，最为讨厌。唯独杜甫将自己当时的感触写出来，上为国家的危难悲悯，下为百姓的穷困痛苦，想到什么就写什么，完全摆脱了前人的老套子。"

总体来说，杜甫的诗沉郁顿挫，语言精练，格律严谨，结构巧妙，感情真挚，描写深刻，细腻感人，形象鲜明。对于杜甫诗中特有的叙事风格和议论风格，有学者认为是受到了《诗经·小雅》的影响，而他诗中悲歌慷慨的格调，又和《离骚》相近。也有学者认为，杜诗具有仁政思想的传统精神和司马迁的实录精神。还有观点认为杜甫的诗有"人道主义精神"。

总之，在杜甫的诗中，有深情的悲叹，有厚重的关怀，有老泪纵横，有悲天悯人。一个诗人，倘若没有慈悲，没有大爱，是不可能被人们以"圣"字加身的。

李白豪放飘逸，总有不食人间烟火的意味。

王维恬淡清雅，也往往更喜欢沉浸于个人情怀。

而杜甫，更愿意直击世事，以敏锐和冷静的眼神，看穿世间百态和民生苦乐，将岁月的真相呈现得淋漓尽致。他就像是千余年后的鲁迅，下笔如刀，对世间的不平与混浊，着笔狠辣。但在这狠辣之中，又分明有一份深情。

他写《兵车行》《丽人行》，他写《哀江头》《洗兵行》，他写"三吏""三别"，无不满含热泪，在讽刺和批判统治阶级的同时，更多的是对黎民百姓惨淡生活的哀痛。安史之乱后，杜甫也曾四处流亡，彷徨度日。但是听闻官军收复失地，也是忍不住狂喜，就像他所写的那样："却看妻子愁何在，漫卷诗书喜欲狂。白日放歌须纵酒，青春作伴好还乡。"

当国家处于危难的时候，他忧心忡忡；当国家收复失地的时候，他喜不自禁。他只有一个人，心里却装着千万个人，这就是儒家知识分子心忧天下的责任感。

他说："安得广厦千万间，大庇天下寒士俱欢颜。"后面还有一句："何时眼前突兀见此屋，吾庐独破受冻死亦足！"

光是这几句感叹，便足以令人敬佩。

这样慈悲的杜甫，我们无法不喜欢。

鲁迅说："杜甫似乎不是古人，就好像今天还活在我们堆里似的。"闻一多说："杜甫是四千年文化中最庄严、最瑰丽、最永久的一道光彩。"

世上疮痍，诗中圣哲；民间疾苦，笔底波澜。这便是他。

透过历史的背影，我们仍能看到他眼中噙着的泪水。

大浪淘沙，多少人与事，最终都被湮灭；但也有人，历经千年，仍被人们念念不忘。

就像他，诗圣杜甫。

目 录

第一卷

≫

裘马轻狂

我们都是行路之人。

从故乡到异乡，从少年到白头。

走着走着，风景已然看透，故人相隔千里。

就连曾经的自己，亦是音讯杳然。

家庭与出身

杜甫的家世，其实是很显赫的，可以说是官宦世家。他出身京兆杜氏，是北方的大士族，远祖是汉武帝时期有名的酷吏杜周。杜甫和唐代另一个诗人杜牧都是晋代大学者、名将杜预的后代。不过两个支派隔得比较远，杜甫是杜预二儿子杜耽的后代，而杜牧是杜预小儿子杜尹的后代。

杜甫是杜预（224—284）的第十三代孙。杜预是京兆杜陵人，担任过曹魏尚书郎、西晋河南尹、安西军司、秦州刺史、度支尚书、镇南大将军等官职，官至司隶校尉，逝世后，追赠征南大将军、开府仪同三司，谥号成侯，在当时地位相当显赫。

另外，杜预不仅打仗厉害，而且很喜欢读书。杜预灭掉吴国建立功业后，又沉下心来读书，广泛阅读了大量的典籍，并且有自己独立的见解和思考，在文学方面也有所成就，被誉为"杜武库"，意思是学识渊博，像武库中的兵器，样样具备。他写的《春秋左氏传集解》考释严密，注解准确，是《左传》注解流传至今、成书最早的一种。他也是明朝之前唯一一位同时进入文庙和武庙的人。

杜预的二儿子杜耽在晋朝担任凉州刺史，杜耽的孙子杜逊在东晋初年迁居襄阳，是襄阳杜氏的始祖。杜甫的曾祖父杜依艺从襄阳赴任巩（gǒng）县县令，全家搬到了巩县。历经祖父杜审言、父亲杜闲，再到杜甫，杜家在巩县已经到了第四代，也走过了八十五年的岁月。不过，因为杜甫的远祖是京兆杜陵人，所以他自称京兆杜甫，但也因为他属于襄阳杜氏支派，所以史书上说他是襄州襄阳人；他的出生地，其实又是在河南巩县。

杜甫在为姑母写的墓志铭中写道："远自周室，迄于圣代，传之以仁义礼智信，列之以公侯伯子男。"从春秋时代后期，杜氏家族便奇迹般地崛起，到了现在，历代祖辈大都做了官，这样的家世，可以说是令他很自豪的。只是，虽然杜氏家族历代为官，但并没有给杜甫带来一个光辉灿烂的前程。至于他的近代祖辈，还是从祖父杜审言说起吧。

如今大家提起杜审言这个名字，脑海里第一个蹦出来的知识，就是杜甫的爷爷，也算是"爷凭孙贵"了。但实际上，杜审言这个人，可是非常自负的，他觉得自己特别厉害，自称文章胜过屈原宋玉，书法胜过王羲之，十分狂傲，要是知道以后人们只记住他是杜甫的爷爷，估计是会又欣慰又心酸。

不过呢，杜审言虽然狂，但还是有真本事的，他和李峤（qiáo）、崔融、苏味道齐名，并称为"文章四友"，是唐代"近体诗"的奠基人之一，作品大多朴素自然，有一部《杜审言诗集》流传后世。其中有首五律《和晋陵陆丞早春游望》评价很高，被明朝的胡应麟赞许为"初唐五律第一"：

独有宦游人，偏惊物候新。

云霞出海曙，梅柳渡江春。

淑气催黄鸟，晴光转绿苹。

忽闻歌古调，归思欲沾巾。

只是，杜审言虽然在写诗方面很有才华，但在仕途上却并不是一帆风顺。

在唐高宗咸亨元年（670），杜审言考中进士，当上了隰（xí）城尉，后来又转任洛阳丞，在武后圣历元年（698），被贬为吉州司户参军。在吉州任职期间，他得罪了同事郭若讷和长官周季重，受到两人的合谋诬陷，被定了死罪。得知这个消息后，杜审言十三岁的儿子杜并决定为父报仇，潜入府中杀了周季重，杜并也被侍卫当场杀死。

这件事情在当时引起了很大轰动，朝野震惊。唐朝游侠之风盛行，崇尚武力和血性，杜并为父报仇的行为，在当时的人看来，是很侠义的。人们也纷纷赞许他，称杜并为孝子。有"燕许大手笔"之称的许国公苏颋（tǐng），还亲自为杜并写了墓志铭。

武则天知道这件事后，召杜审言进入京师，看到他的诗文后，觉得是个有才华的人，于是给了他著作佐郎的官职，后来又将他提拔为膳部员外郎。在这几年，杜审言受到武则天的看重，一跃成为当红的宫廷文人。只不过，在神龙政变（705）后，他因为勾结张易之兄弟，被流放岭南，仕途一落千丈。

幸运的是，杜审言在岭南待了不久，就又被召回去了，担任国子监主簿。在景龙二年（708）五月，担任修文馆直学士。不过，也正是在这一年，杜审言去世，死后被追赠为著作郎。杜审言这一生虽然仕途有几处坎坷，但最后的结局还算不错。至少和他的孙子杜甫比起来，已经算是相当好了。

至于杜甫的父亲杜闲，史书上记载很少，只知道他曾经担任了奉天县令、武功县尉、兖（yǎn）州司马这些官职，其他的便不太清楚了。值得一提的是，杜闲当的虽都不是什么大官，娶的妻子却大有来历。他一生娶妻两次，第一次娶了清河崔氏的女儿，崔氏去世之后，又续娶了卢氏，共有五个儿子一个女儿。杜甫的母亲就是崔氏。

说起这清河崔氏，在魏晋至隋唐时期都是著名的大族，世代簪缨，勋贵无数，到了唐朝，已经是积累了数百年家业的超级豪门。在唐朝初年，李世民命高士廉等人修订《氏族志》，结果初稿呈上来一看，发现清河崔氏排在第一，范阳卢氏排在第二，皇族李氏仅仅是第三。太宗非常生气，堂堂皇族，居然被清河崔氏占了风头，于是一声令下，将李氏改为第一，崔氏改为第三。

这虽然只是一个历史片段，但也可以看出清河崔氏的大族地位。不过，太宗虽然生气，但崔家的地位也着实稳固，在唐朝时位列"七姓十家"，出了十二个宰相，并且和李唐王室还是儿女亲家，直到五代时期，才走向衰落。就母系来说，杜甫和大唐李氏皇族其实渊源匪浅。他的外祖母崔氏，就是唐太宗的曾孙女。

唐太宗的第十个儿子李慎被封为纪王，担任襄州刺史，和越王李贞齐名，当时的人将他们两个合称为"纪越"。后来，武则天篡位，李氏子孙被大肆屠杀，李贞起兵讨伐武氏失败，李慎也受牵连进了监狱，后来被流放岭外，死在了流放途中。

当时，李慎的二儿子李琮（cóng）也被抓进了监狱。李琮的女儿虽然已经嫁给了崔家，但是冒死入狱为父亲送饭，世人被她的孝心感动，称赞她是个勤孝的人。后来，李琮和两个弟弟被流放桂林，惨遭杀害。李琮的两个儿子也没能幸免。李琮的那个女儿，就是杜甫的外祖母。

杜甫外祖父的母亲，是舒王李元名的女儿。李元名是唐高祖的第十八个儿子、唐太宗的弟弟。永昌年间，李元名被酷吏来俊臣陷害流放利州，不久就被杀了。后来，杜甫在夔州与唐高祖的第十六个儿子道王李元庆的玄孙李义相遇，临别的时候写了一首诗，其中写道：

神尧十八子，十七王其门。
道国及舒国，实维亲弟昆。
中外贵贱殊，余亦忝诸孙。

其中，神尧指的就是唐高祖，道国指李元庆，舒国指李元名。

可惜的是，杜甫的生母崔氏，在杜甫出生后不久便去世了。她也从来没有在杜甫的文章和诗歌中被提到。崔氏去世后，杜闲续娶了卢氏。杜甫诗中提到的四个弟弟和一个妹妹，都是卢氏生的。

对于杜甫生母崔氏的名字，后人有不少猜测，认为她的名字与海棠有关。杜甫在蜀地住了近十年，写了无数当地的花草，但是从来没有提到当地人最熟悉的海棠花。因此，很多学者便根据这一点，猜测这是为了避讳，就是为了表示尊重，不能直接说出或写出父母的名字。

晚唐薛能在所写的《海棠》诗并序中就已经开始猜了，他觉得杜甫母亲的名字就是海棠。北宋李颀《古今诗话》也推测说："杜子美母名海棠，子美讳之。故杜集中绝无海棠诗。"十七世纪，有学者的猜测更大胆了，觉得杜闲的原配夫人是卢氏，而杜甫的母亲就叫崔海棠，仅仅是一名妾。

不过，杜甫在诗里虽然没有提到母亲，却多次提到了母亲的族人。在梓（zǐ）州、阆（làng）州、夔（kuí）州、潭州等地，他都曾和舅父表弟们相遇，并写诗相赠。比如，在夔州，他在写给表弟崔公辅的诗中说"舅氏多人物"；在潭州，他赠诗给舅父崔伟，诗中写道："贤良归盛族，吾舅尽知名。"

显贵的母族，历代为官的家世背景，看上去很好，但杜甫的人生，并没有因为前人而变得平坦，反而无比崎岖和荒凉。在后来的生涯中，这些亲人出场的次数似乎并没有多少，反而是那些路上结识的朋友，对他照顾有加。

在杜甫后来那些漂泊困顿的生活中，这样好的家世出身其实也加重了他的痛苦。祖上世代为官，他却一生得不到重用。闻名一时的先祖杜预，曾是皇帝身边红人的祖父杜审言，这些人的存在，使得他内心的忧愁更多，这些忧愁在他的内心逐渐沉淀，在岁月中渐渐发酵，最终酿成了一坛以诗为名的美酒，也成就了一位千古流传的诗圣。

生于开元盛世

唐玄宗先天元年（712），杜甫在河南巩县的瑶湾出生。

父亲给他取了个字，叫作子美，因为在族中排行第二，所以同时代的人们也称他杜二。

这一年，唐睿宗把皇位传给了儿子李隆基，也就是唐玄宗。之前的几年，也就是武则天去世后的那段时间，大唐王朝并不太平。武则天死后，唐中宗李显是个懦弱无能的人，朝政大权渐渐落在了韦皇后和安乐公主的手上。原来发动政变恢复唐朝的功臣、宰相张柬之被贬官驱逐，太子李重俊被杀。韦皇后重用亲属，甚至对安乐公主把官位当成商品一样买卖的行为也大加纵容。

景龙四年（710），唐中宗被毒杀，韦皇后立李重茂为少帝，皇帝实际是傀儡，真正的大权还是掌握在韦皇后的手中，她以垂帘听政的方式把持着权力。眼看着李唐江山刚拿回来，又来了一个想当女皇帝的，李家子孙可不干了。于是，在这年夏末秋初的时候，李隆基和姑姑太平公主，还有太平公主的儿子薛崇简、宫苑总监钟绍京等人进宫发动政变，也就是历史上的"唐隆政变"。

这场政变之后，韦皇后和安乐公主及其党羽接连被杀。李隆基被改封为平王，兼任殿中监、同中书门下三品，兼押左右万骑。李隆基与太平公主迫使李重茂禅让，由睿宗李旦重新即位。不久后，李隆基被立为太子。

之后，太平公主仗着自己拥立睿宗有功，经常干预政事。后来太子李隆基的势力逐渐强大，引起了太平公主的注意，妨害了她在朝堂上的参政，因此她总想着让睿宗另立太子。李隆基当然不愿任人摆布，也想除掉太平公主。两人之间的矛盾越来越严重。

景云三年（712），李旦不顾太平公主的反对，把帝位让给了李隆基，改年号为先天。这也加剧了李隆基和太平公主的矛盾。双方都在积蓄力量，准备除掉对方。太平公主和她的同党又在暗中策划发动政变，甚至计划在李隆基的食物中下毒。不过，李隆基知道了太平公主的谋划，先一步发动政变。

先天二年（713），李隆基亲自率领太仆少卿李令问、王守一，内侍高力士、侍卫李守德等十多个亲信，先除掉了左、右羽林大将军常元楷、李慈，又擒获了太平公主的亲信散骑常侍贾膺（yīng）福和中书舍人李猷（yóu），接着杀了宰相岑羲、萧至忠；尚书右仆射窦怀贞在混乱中自杀。太平公主看见自己的势力都被除掉了，不得不逃到了佛寺，三天后返回，被赐死家中，这就是"先天政变"。从此以后，唐玄宗终于掌握了皇帝应有的权力。这一年，他改年号为开元。

把皇帝这个位置坐稳之后，玄宗就开始大展身手了。他不仅极有胆量和魄力，而且精通治国策略，看重人才的选拔。于是，在开元初年，他便任用了姚崇、宋璟等人为相，并且挑选贤能，整顿朝纲，在稳定政局的同时，大力发展经济。经过几年上下同心的努力，全国经济迅速繁荣，农业、手工业等方面也有了空前发展，大唐进入了鼎盛时期，成就了一段被无数人怀念的开元盛世。

那时候的唐朝，国力空前强盛，社会经济空前繁荣，人口也大幅度增长，整个国家都是一派欣欣向荣的景象。天宝年间，唐朝的人口约为 8000 万，国家财政收入也逐渐稳定。商业十分发达，国内交通四通八达，城市更加繁华，对外贸易不断增长，波斯、大食的商人们纷纷来到大唐，长安、洛阳等大都市商贾云集，各种肤色、不同语言的商人身穿不同的服装来来往往，十分热闹。

在开元鼎盛时期，中亚的绿洲地带也在唐朝的统治下，一度建立了南至罗伏州（今越南河静）、北到玄阙州（今俄罗斯安加拉河流域）、西及安息州（今乌兹别克斯坦布哈拉）、东临哥勿州（今吉林通化）的辽阔疆域，国土面积达到了 1076 万平方公里。

忆昔开元全盛日，小邑犹藏万家室。

稻米流脂粟米白，公私仓廪俱丰实。

后来，杜甫在诗中这样写道。

那时的大唐，民生安定，江山如画。

寻常巷陌，地北天南，总有说不尽的丰饶与华美。

那是一个令无数人追忆的时代，无论是政治、经济、文化，还是军事、外交，都达到了一种鼎盛的状态。百姓安居乐业的同时，诗人们吟风弄月，醉眼迷离。花间云下，竹巷茅庐，都有他们对酒当歌的身影。那里，有天子唤来不上船的李太白，有山月照弹琴的王摩诘，还有许多流连诗酒的人，或轻描淡写，或浓墨重彩，将一个时代勾勒得极尽绚烂，又在这绚烂之中，留了几分伤感。

这个叫杜甫的诗人，自然也在其中。只是，写这首诗的时候，开元盛世已经成了过去时。他眼中的大唐，经过战乱的洗礼，已经变得黯淡，再也没有了当初辉煌的样子。

但是现在的杜甫，还只是刚刚降生，开元盛世也还没有远去。

繁华与寂寞，丰盛与凄凉，都等着他去遇见。

杜甫出生几年后，母亲就不幸去世了。他对母亲几乎没有记忆，但是有一个女人待他极好，杜甫也对她十分感激。这个人，就是杜甫的姑姑。他小时候经常生病，寄养在姑姑家里。姑姑对他很好，可以说是视如己出。

当时，河南瘟疫流行，杜甫和姑姑的儿子同时染病。姑姑对杜甫的照顾无微不至，甚至比对自己的儿子还好。结果是，杜甫病情好转，终于康复，而姑姑的儿子不幸夭折。杜甫在墓志铭中说："我用是存，而姑之子卒。"可以说，姑姑是对杜甫影响最大的女性。在天宝元年（742），他为这位姑姑写了一篇墓志铭，即《唐故万年县京兆杜氏墓志》，其中称姑姑为"有唐义姑"。

除了母亲早早去世，以及这场突如其来的大病，杜甫的童年还是快乐的。失去了母亲，反而得到了家人的加倍呵护。天生聪颖的他，从小便开始启蒙读书，由浅入深，在书海中畅游。

开元五年（717），杜甫跟随家人寄住在郾（yǎn）城。在一次偶然的机会中，年少的杜甫观看了公孙大娘表演的剑器舞。玄宗初年，公孙大娘的剑器舞在内外教坊都是极为有名的。唐代的舞蹈分为健舞和软舞两大类，剑器舞属于健舞这一类。

晚唐郑嵎（yú）《津阳门诗》说："公孙剑伎皆神奇。"并在诗中还自己注释道："有公孙大娘舞剑，当时号为雄妙。"司空图《剑器》诗说："楼下公孙昔擅场，空教女子爱军装。"从这些诗歌中我们可以知道，与传统的女子柔美舞蹈不同，剑器舞是一种女子穿着军装拿着剑的舞蹈，并且姿势雄健刚劲，神奇巧妙，让女孩子们都看得"不爱红装爱武装"。

小杜甫看过这次剑器舞后，印象一直很深刻。哪怕是五十年后，他已经成了一个白发苍苍的老人，当再次观看剑器舞时，还是会想起第一次看时的惊艳。那时候，他已经在夔州，表演的人也不再是公孙大娘，而是她的徒弟。回忆起当年的情景，他心中感慨，便写下了这首《观公孙大娘弟子舞剑器行》。

昔有佳人公孙氏，一舞剑器动四方。
观者如山色沮丧，天地为之久低昂。
㸌如羿射九日落，矫如群帝骖龙翔。
来如雷霆收震怒，罢如江海凝清光。

绛唇珠袖两寂寞，晚有弟子传芬芳。

临颍美人在白帝，妙舞此曲神扬扬。

与余问答既有以，感时抚事增惋伤。

先帝侍女八千人，公孙剑器初第一。

五十年间似反掌，风尘澒洞昏王室。

梨园弟子散如烟，女乐余姿映寒日。

金粟堆南木已拱，瞿唐石城草萧瑟。

玳筵急管曲复终，乐极哀来月东出。

老夫不知其所往，足茧荒山转愁疾。

从前面对于公孙大娘剑器舞惊才绝艳的回忆，到后面对于时光易逝、岁月变迁的感慨，杜甫的这首诗，也正像从开元盛世到安史之乱，他见过这个王朝最繁华的模样，也见过繁华之后山河破碎的悲凉。也许，一个王朝，也正像一个人一样，有风华正茂日，也有困难重重时。

苏轼曾说："世事一场大梦，人生几度秋凉。"

人生如梦，光阴如水，不能不让人感叹。

所幸，夜雨江湖，天涯瘦马，他走得倔强而坚定。

哪怕潦倒困顿，他却始终凄然挺立，心里装着大地苍生。

人生都会遭遇风雨，重要的是穿越风雨后，我们还能初心依旧。

杜甫就是一个这样的人。

七龄思即壮，开口咏凤凰

白居易说："小娃撑小艇，偷采白莲回。"

高鼎说："儿童散学归来早，忙趁东风放纸鸢。"

黄庭坚说："骑牛远远过前村，短笛横吹隔陇闻。"

童年，是我们出发的地方。从那里开始，我们去向人生的远方。一路前行，一路探寻，一路流连或割舍。不管人生几何，童年大抵是明媚和温柔的。斜风细雨，青草池塘，偎着清澈见底的时光。我们就在那里，放肆地笑着，放肆地欢畅。

满目沧桑的杜子美，也曾有过绚烂的童年。

月色与蛙鸣，青草与烟雨，也曾围绕在他的身边。

不过，当寻常孩童都在青草池塘中肆意欢闹时，杜甫却在无数书卷中漫游。他天资聪慧，酷爱读书，从最简单的启蒙读物，到后来的经史子集，再到经世治国的著作，他都乐于钻研，在书山的阶梯上，一步步攀登。

大唐是诗的国度，无论是日常生活，还是科举做官，都与诗有关。杜甫出生在这样的时代，祖父杜审言又是有名的诗人，从小便耳濡目染，对作诗很感兴趣。他用诗记录下看到的一切，记下想到的一切，诗歌也给了他一个栖身之所，让他在那里面安放自己。

六七岁的时候，杜甫就开始写诗了。可惜的是，他年少时所作的诗大都没有留存下来。许多年后，白发苍苍的杜甫，曾写过一首诗，题目叫《壮游》，其中有他对于少年和青年时代的回忆。

往者十四五，出游翰墨场。

斯文崔魏徒，以我似班扬。

七龄思即壮，开口咏凤凰。

九龄书大字，有作成一囊。

性豪业嗜酒，嫉恶怀刚肠。

脱落小时辈，结交皆老苍。

饮酣视八极，俗物多茫茫。

从这首诗我们可以看出，杜甫七岁的时候应该写了一首歌咏凤凰的诗。凤凰是中国古代神话传说中的一种神鸟，《山海经》中说，这种鸟会在天下安宁的时候出现。在儒家传统中，凤凰是太平盛世的象征。孔子面对礼崩乐坏的战乱时代，曾经感叹道："凤鸟不至，河不出图，吾已矣夫！"

后来经历安史之乱的杜甫，也许会和孔夫子有一样的感慨，在他的诗中，提到凤凰的地方有六七十处，凤凰也成了他渴望天下安宁的寄托。不过，现在的杜甫还只有七岁，大唐也还处在开元盛世。也许，他只是对凤凰这种神鸟感兴趣。可惜的是，这首咏凤凰的诗并没有流传下来，不然的话，就可以知道杜甫当时是怎么想的了。

我们从这首《壮游》中还可以知道，除了写诗，杜甫九岁的时候便开始练习书法，学习写大字。大字，就是一方寸以上的字，刚刚学习书法的人，一般都是先练大的字，再练小的字，循序渐进。

从九岁就开始练字，练到后来，杜甫的书法确实取得了一些成就。元代郑杓（sháo）曾经谈到对李白杜甫书法的见解："太白得无法之法，子美以意行之。"也就是说，李白的书法不拘束于章法，自成一体，而杜甫的书法擅长写意。两人的书法应该都是不差的。

同是元代的诗人刘有定还在这句话下面注释说："太白，姓李名白，一字长庚。为翰林供奉。子美，姓杜名甫，官至检校工部员外郎。善楷、隶、行草。"明代的陶宗仪在《书史会要》中也说杜甫"于楷、隶、行草无不工"。从以上这些资料看，杜甫的书法不仅不差，而且擅长写楷书、隶书、行草三种字体，不然也称不上一个"工"字了。要是放到现在，绝对会因为字写得好而又圈一拨粉丝。

不过，杜甫年少时究竟在哪里读书，教书先生是谁，我们并不知道，只能凭借一句"同学少年多不贱，五陵衣马自轻肥"推测他应该在私塾（shú）读过书，有过和别人一起上学的经历。但可以肯定的是，天生的禀赋，加上不懈的努力，他的诗才与学识精进很快。

十四五岁的时候，杜甫开始参加当地文人举行的集会，受到了前辈的赞赏。当时著名的文人崔尚和魏启心，将他与汉代文学家班固和扬雄相提并论，可以说是相当高的评价了。尽管这可能只是对后生晚辈的激励，但也可以由此看出，十几岁的杜甫一定是才气不凡的。

这个年纪的少年，正是风华正茂的时候。晚年的杜甫，曾经写下一首《百忧集行》，回忆了自己的年少时光：

忆年十五心尚孩，健如黄犊走复来。
庭前八月梨枣熟，一日上树能千回。

写这首诗的时候，他已经是风烛残年，不仅体弱多病，而且生活极其穷困，只能在幕府看人脸色，勉强度日。人在年老的时候，往往就喜欢回忆从前，十五岁的他，健壮得像小黄牛一样，院里的枣树和梨树，一天能爬上千回。虽然说得有些夸张，但也可以看出他对十五岁的自己，是充满了羡慕的。

几分天真，几分贪玩，几分轻狂。

他就这样，读着书，写着字，偶尔顽皮，不知愁滋味。

李白嗜酒如命，杜甫也喜欢喝酒。他说自己是"性豪业嗜酒，嫉恶怀刚肠"。不仅好酒，而且还嫉恶如仇。另外，杜甫还称自己"脱略小时辈，结交皆老苍"，展现了狂傲的一面，说自己不屑和那些浅薄的年轻人结交，他杜甫的朋友，可都是些见识广博的老前辈，这一番话，当真是狂到了极致。

在杜甫苦读诗书的这些年，王维已经状元及第走上了仕途，李白已经开始仗剑远游。大唐也已经真正进入了开元盛世。年少的杜甫，在洛阳遇见了李龟年，从此对其歌声念念不忘。

洛阳离杜甫的出生地巩县仅有一百多里。杜甫小时候曾寄居在洛阳姑母家里，可能很多年都是在洛阳度过的。在唐高宗末年，洛阳就已成为大唐的东都，经过武则天多年的经营，这里的繁华不比长安逊色。玄宗时期，无论是政治，还是经济、文化，洛阳都有举足轻重的地位。

从隋朝以来，每次遇到关中地区收成不好、当地的物资不能满足朝廷的需求时，皇帝就会率领百官到洛阳"就食"，也就是去洛阳"蹭饭"，唐中宗称这种行幸洛阳的皇帝为"逐粮天子"，也算是十分形象了。唐玄宗即位后，多次行幸洛阳。开元十二年（724）冬天，为了封禅泰山，玄宗率领王侯贵胄来到洛阳，使得洛阳繁盛了好几年。

也就在那时候，杜甫受前辈引荐，得以走入岐王李隆范与玄宗宠臣崔涤的府邸，并且有几次遇到了李龟年。当时李龟年、李彭年、李鹤年兄弟三人都有文艺才华，李彭年善舞，李龟年、李鹤年则善歌，李龟年还擅长吹筚篥（bì lì）、奏羯（jié）鼓，也会谱曲子等。他们创作的《渭川曲》颇受玄宗赏识。由于他们演艺精湛，王公贵族经常请他们去演唱，每次得到的赏赐数以万计，可以说是大唐有名的"歌舞天团"了。

李龟年音乐才华极高，被后世称为"唐代乐圣"，杜甫也对李龟年印象深刻。安史之乱后，李龟年流落到南方，有时也演唱几曲，但歌声中再也没有了从前的欢乐，而是充满悲伤，时常让听的人掉眼泪。后来，杜甫漂泊到潭州（今湖南长沙），在某次宴会上，他再次听到李龟年的歌声，不禁感慨丛生，于是写了首《江南逢李龟年》：

> 岐王宅里寻常见，崔九堂前几度闻。
> 正是江南好风景，落花时节又逢君。

明明最后两句这么明快，写诗的背景却如此令人悲伤，这样明显的反差，也使得这首诗余味无穷，被视作杜甫晚年创作生涯中的绝唱，历代好评众多。

清代邵长蘅评价说："子美七绝，此为压卷。"《唐宋诗醇》也说这首诗"言情在笔墨之外，悄然数语，可抵白氏一篇《琵琶行》矣。……此千秋绝调也"。清代黄生《杜诗说》评论说："今昔盛衰之感，言外黯然欲绝。见风韵于行间，寓感慨于字里。"

从前，乌衣门第，富贵人家，他们几度相遇。想必，当年的李龟年，所唱的应该是盛世长歌。多年后，繁华凋落，歌声里满是凄凉。杜甫回忆的，与其说是曾经明亮的歌声，不如说是无比华丽的开元盛世。

李煜说："流水落花春去也，天上人间。"杜甫虽不像李煜那样失去江山和帝位，却也因世事的无常荒凉而感伤。这首诗的前两句，流露了诗人对开元全盛时期的无限眷恋，犹如要拉长回味的时间。

然而，回忆终究是回忆。

现实的情景是，时光沉默，去日无言。

多年后，诗人与歌者都已经苍老。而他们身处的那个时代，也退去了旧时的惊艳，只剩一帘冷月，照着惨淡面容。春和景明的日子，在现实与回忆之间辗转，终于成了满心的黯然。然而，感叹虽深，却是忽然打住，不再多言。就像在说，世事如霜，故人重逢，却也只能沉默不语。

不过，这些都是后事，与此时的杜甫相距几十载。

现在，他还是个少年，鲜衣怒马，意气风发。

人间的荒凉与黯淡，都在远处等他。

漫游吴越

人们说，生活不只眼前的苟且，还有诗和远方。

有段时间，我们看到一座山，就想知道山的后面是什么，等到真的翻过了那座山，却又想去追逐更高的山峰。

杜甫现在，就处在这样一个年纪。

李白曾说："大丈夫必有四方之志。"于是，年轻的他辞别故乡，独自仗剑远游，一去便是多年。和他一样，青年时期的杜甫也曾离家远游。当然，这样的远游不仅是为了增长见识和看看美景，还有更实际的目的，那就是为了即将到来的科举考试。

对于当时大多数的读书人来说，科举都是必走的一条路。那时候的科举，虽然主要看考生在科场上的表现，但也在意考生的声名。如果说考生在参加考试之前，就已经很有名了，对科举是有好处的。另外，如果能得到前辈的欣赏和提携，科举这条路也会走得顺畅一些。

杜甫的这次离家远游，其实也抱着一点这样的心思。他不仅要看看外面的世界有多大，更想四处走走，题诗写字，拜访前辈，结交好友，最好是能在旅游的时候顺便就闯出名号来，到时候上了考场，考官看到杜甫的名字，就知道这是一个大才子，那就是再好不过的事了。

开元十八年（730），十九岁的杜甫出游郇（xún）瑕（今山东临沂），但只做了短暂停留。第二年，杜甫二十岁的时候，开始了真正的远游。他曾在文章中说，浪迹于国内的丰草长林间，"实自弱冠之年"。

他去的，是画船听雨眠的江南。

这是个与风花雪月有关的地方。数年前，李白在这里流连许久，更早的时候，这里来过谢朓（tiǎo）、谢灵运，有过鲍照、庾（yǔ）信，还有无数风流潇洒的身影，在山水之间，云月之下，畅意来去，把盏临风。

除去文人秀丽的诗篇，江南也有古老厚重的历史。

许多年前，吴越两国多年争霸，烽烟四起，战乱频繁。在这场较量中，人们总会想起那些形形色色的人物：美丽的西施，骄傲的吴王夫差，卧薪尝胆的越王勾践，功成身退的范蠡，悲愤而死的伍子胥（xū），不懂帝王心术的文种……这是一段广为人知的历史，历代评说不断，但此时都已成了过往，只留下了一些遗迹。

杜甫踏着这些遗迹，追寻着千百年前的往事。在越地，他体会了越王勾践的坚忍，怀念着若耶溪上采莲的西施，只是昔人已去，独留流水；在姑苏，他拜谒了吴王阖闾（hé lǘ）的坟墓，游览了虎丘山的剑池，在姑苏台上停留。可惜的是，曾经充满欢笑的地方，多年以后，只剩明月，凄迷地照着荒台。

范蠡去了，西施去了，五湖烟水还在悠悠荡荡。

严陵钓台空空如也。尘世间，总有人带着迷惘，寻寻觅觅。

杜甫也曾去往金陵。繁华凋谢，往事随风。曾经的帝气与风流，王侯与贵胄，都已无处找寻。就像刘禹锡诗中所写，朱雀桥边只剩野草闲花，乌衣巷口只有残阳独照，多年以后，燕子停留的，已是寻常百姓的屋檐。那么美丽的从前，几百年后，只留一段故事，供后人品评和感叹。这就是历史的真相。

不过，虽然历史已成古迹，但对于此时的杜甫来说，也不至于引起分外的伤感。此时的他，才二十来岁，人生还没有那么沉重，喜欢快意人生，也喜欢诗酒风流。身在江南，杜甫也如李白那般，结交朋友，畅快淋漓。两三知己，把酒倾谈，与诗月清风相邻。在金陵，杜甫认识了一位僧人，他们在一起喝酒吟诗，泛舟下棋。三十多年后，他还在诗中饱含感情地提到这位故友。

不见旻公三十年，封书寄与泪潺湲。

旧来好事今能否，老去新诗谁与传。

棋局动随幽涧竹，袈裟忆上泛湖船。

闻君话我为官在，头白昏昏只醉眠。

年轻的杜甫，还曾设想过沿着扬子江顺流而下，去往传说中的扶桑。他甚至已经雇了一条船，可惜由于各种现实因素，最终放弃了这个计划。

　　杜甫在江南的漫游，持续了好几年。最终，大概是为了参加科举，他离开了江南。诗意满怀的杜甫，在江南数年，必然写过不少诗，但是这些诗并没有流传下来。

　　或许是遗失了，或许，随着阅历的加深，他看到以前写的诗，觉得稚嫩丢弃了。由于这些诗篇的遗失，对于这时期杜甫的生活和故事，我们只能从许多年后他所写的诗文中，寻找支离破碎的片段。

　　林风纤月落，衣露静琴张。

　　暗水流花径，春星带草堂。

　　检书烧烛短，看剑引杯长。

　　诗罢闻吴咏，扁舟意不忘。

　　这首诗的名字叫作《夜宴左氏庄》。我们不知道，这位左氏是什么人，也不知左氏庄在什么地方，甚至也不知道诗的写作时间。不过，流水花径，明月扁舟，写的应该是江南。某次宴会，杜甫听说在座的人中有会用吴地口音咏诗的，顿时勾起了自己泛舟吴越的记忆，因此写下了这首诗。

　　首联干净洗练，一段雅致，在林风、纤月的映衬下，悠扬的琴声在静夜的庭院中响起。如果说首联意境超然，那颔联"暗水流花径，春星带草堂"两句则涉笔成趣，翩接人间。

　　流水潺湲，繁星闪烁，选取这样的情景和意象，不仅雅致非常，而且野趣盎然。铺叙停当了，颈联"检书烧烛短，看剑引杯长"二句便转笔描写夜宴的场景，宾主相宜，乐在其中。检书，指的就是翻阅书籍。古人作诗往往引经据典，一边吟诗，一边翻阅书籍，有的是为了给自己灵感，也有的在听出别人诗中的典故后，查验真假。

像这样的清夜，烧烛检书的意象，对读书人而言，有特殊的亲切感，四壁寂然，青灯黄卷，有人觉得清冷落寞，读书人却乐在其中。杜甫有看剑的喜好，诗中多有涉及。他的性格慷慨磊落，有着致君尧舜上的抱负，即便当时的他只是一介书生，但心中也有万夫莫敌的气概。

这个夜晚，书诗酒剑四者相合，无疑是文人最中意的画面。顾宸评价说："一章之中，鼓琴看剑，检书赋诗，乐事皆兴。诗酒流连，本就如此。"这样的风流快意，令他想起了那段在江南的时光。

半面平湖，一纸悠然。也许只是不久前的事。

可以肯定，这首诗是杜甫早期的作品。那时，他还没有感受到世态炎凉，还没有觉得忧愁困顿。尾联所写"诗罢闻吴咏，扁舟意不忘"，正是他快意潇洒心境的反映。

开元二十三年（735），杜甫离开江南，回到了故乡。等待他的是科举考试，对杜甫来说，这无疑是一件人生大事。为了这次的科考，他已经做了许多年的努力，无数个挑灯读书的夜晚，无数个奋笔疾书的瞬间，让他的笔力越发成熟，写出来的诗也越来越好。看着这些诗，以及别人对他的赞扬，杜甫觉得，这次参加考试，必定是十拿九稳了。

人生中的第一次重大考验，即将到来。

科举落第

那年暮春，杜甫离开了江南。

山和水，云和月，还在远远招摇着。

他的江南往事，因为几分意气风发，显得清澈而柔软。只是，根据史料记载，他之后再也没有来过江南。那个温软多姿的地方，只承载了他几年的回忆，时间越久，越是淡薄。

人不可能一辈子都待在温柔乡，更何况是心有天下的杜甫。

为了科举，他不得不离开。对于读书人而言，科举不仅是一种考试，更是一次彻底改变命运的机会。从贫寒到富贵，从寂寞到显赫，似乎只有一步之遥。如果能一举成名，被天下人熟知，那些寒窗苦读的日子便是值得的。

唐朝时，科举制度得到了完善。唐太宗、武则天、唐玄宗等帝王都积极推进科举制度的改革，选拔了大量寒门人才。某次考试之后，新科进士一个接一个，进入朝堂拜见皇帝，唐太宗见到这种情况，笑得合不拢嘴，高兴地说："天下英雄，都到我的口袋里来了！"

唐代科举考试科目分为常科和制科两类，每年分期举行的考试称常科，皇帝下诏临时举行的考试称制科。考试的内容很复杂，常科有秀才、明经、进士、俊士、明法等五十多种科目，最为重要的是明经和进士。唐高宗李治以后，进士科逐渐重要起来，许多宰相权臣等都是进士出身，由于考试时间都在春天，因此科考被称为"春闱"。

无论如何，对贫寒学子来说，通过科举考试就像鲤鱼跃过龙门一样值得庆贺。科举成绩公榜之后，进士及第称为"登龙门"，第一名就是状元，同在榜上的人要凑钱举行庆贺活动，集体到杏园参加宴会，叫探花宴。宴会以后，新科进士们一起到慈恩寺的大雁塔下题名显示荣耀，中进士因此又称为"雁塔题名"。新科进士的各种聚会庆贺活动中，有很多王公权贵参加，也有很多权贵就在聚会中选女婿，对那些贫寒学生来说，如果能既当上官又娶上娇妻，可以说是天大的喜事。

唐代诗人孟郊曾作《登科后》诗"春风得意马蹄疾，一日看尽长安花"，以此来表达科举高中后的愉悦心情。柳宗元常科登第后，经吏部考试合格，即刻被授予集贤殿正字的官职。相反，许多通过了科举考试，却没有通过吏部考试的人就没有那么幸运了，只能到地方上去担任官员幕僚，再争取得到朝廷正式委任的官职。韩愈在考中进士后，三次都没有通过吏部考试，不得不去担任节度使的幕僚，后来等到机会后，才踏进官场。

唐代科举，不仅看考试成绩，还要有名人推荐，考生因此纷纷在那些公卿门下奔走。这种体制容易引起考场拉关系的风气，也容易导致腐败，但也的确有些学子因为才华而显露头角。诗人白居易向顾况投诗《赋得原上草》，结果受到了极力称赞，白居易的仕途因此受益不少。

同时，唐代还开设了武举，考试马射、步射、平射、马枪、负重、摔跤等科目，由兵部主考，按照考试排名来授予相应的官职。在平定安史之乱中发挥了重要作用的郭子仪，就是武状元出身，他一生历经玄宗、肃宗、代宗、德宗四朝，曾两度担任宰相，是中国历代武状元中唯一一位官至宰相的人。

唐朝还诞生了一位文武双科状元，长庆二年（822），郑冠高中文科状元。五年后，郑冠又中武举状元，他因此成为中国历史上唯一先考取文状元又中武状元的人。

现在，杜甫即将面临人生中这次重要的考核。他有着辅佐君王、安定天下的宏图大志，希望通过科举走上政治舞台。此时的他，风华正茂，才华横溢，对这次的科举考试也是志在必得。

就像三百年后的柳永，因为才气不凡，难免有几分狂傲，所以科考前在词中写道："对天颜咫尺，定然魁甲登高第。"然而，结果却是名落孙山，于是他只能继续带着年轻人的傲气说，才子词人，自是白衣卿相，又说，"忍把浮名，换了浅斟低唱"。

看似洒脱的背后，实际是一种人生不得志的凄凉。毕竟，谁都想一展抱负，直上九霄。不过，在科举场上，才华天赋固然重要，但是也需要几分运气。许多有才情的学子，在科举场上都不得不失望而归。唐代科举报考的人相当多，录取的比例却很小，尤其是进士科，更是难上加难，当时流传有"三十老明经，五十少进士"的说法。

因为明经科考的是对古书的背诵记忆，也就是我们常说的死记硬背，所以如果三十岁才考中明经科，那属于年纪大的了；而进士科考查诗赋策论，不仅得有才华，而且还要别出心裁，有自己独到的见解，能够学以致用，光靠死背书是不行的；如果五十岁考上进士科，那就还算年轻的。新科官员中通过科举考试录用的，只占百分之五左右。

这就意味着，无数的人参考，最后却只有极少数的人能通过考试，大部分的人都会沦为失败者，可以说是千军万马过独木桥。

唐代以来，官学和私学教育都发展得很好，培养了大批有很高文化素养的人才。例如贞观以后，仅国学生就有八千余人。国学生是参加科举的重要力量，他们在各级官学学习，考试合格后被送到尚书省参加科举，因此被称为"生徒"；自学成才的人则必须由乡里保荐，州县选拔，然后才能到京城参加考试，被称为"乡贡"。只不过，唐朝对"乡贡"报考者的要求并不严格，除了作奸犯科的人不能参加外，只要求商人或工人不得参加，应该说是比较开明的。

杜甫并非来自官学，他走的是后面这条路。他以优异的表现通过了层层选拔，得以参加次年的进士考试。进士考试都是在京城举行的，不过那年却是在洛阳。因为，开元二十一年（733）秋，长安一带下了很多天的大雨，关中等地粮食收成不好，玄宗便在次年迁居洛阳，一住就是三年。

此时的杜甫，对自己信心满满："读书破万卷，下笔如有神。赋料扬雄敌，诗看子建亲。李邕求识面，王翰愿卜邻。"在他看来，自己已经做好了充分的准备，当时的他，自认所写的赋可以与扬雄匹敌，所写的诗和曹植不相上下，像李邕、王翰这样的名流也纷纷与自己结交，可以说是万事俱备，只欠东风了。

开元二十四年（736），杜甫参加科举，考完之后也是胸有成竹，觉得这次肯定能考中。但令他没有想到的是，榜单上并没有他的名字。可以说，这次的科举考试失败，对杜甫来说是个不小的打击。当时的他，还是一个初出茅庐的小年轻，觉得自己满腹才华，十分骄傲，但没有想到，现实却是这么残酷。

那年的科考，还发生了一件事，导致后来的科考改由另一个部门掌管，因此比较有名。这次科考的主考官是考功员外郎李昂，他出身寒门，是开元二年的状元，性格刚直急躁，对科考托关系的风气十分痛恨，力求给考生们营造一个公平的考场。

考试之前，李昂召集考生们，当面约定说，这次的科考，我们只看文章写得好不好，可不看谁的后台硬，要是谁偷偷托关系，我一定会让他落榜。

但是没想到，李昂这边义正词严，自己家倒是先起火了。他的岳父曾经和考生李权做过邻居，两人相处得很好。李权这次到洛阳参加科举，特地看望了老人家，老人家就请女婿李昂在可能的情况下给予关照。

李昂一听这话，十分生气，自己刚刚说了不许托关系，李权就上门来了。他这个人性格刚硬，是个暴脾气，不仅当面骂了李权一顿，还在路边贴了张榜，将李权诗文上的缺点一一写在上面，丝毫没给李权留面子。

李权受到这样的羞辱，自然心有怨气，挖空心思想要报复李昂。既然他被李昂嘲笑诗文写得不好，那他也照样，拿着李昂写的诗文，瞪大了眼睛在里面找错处，就算没有错也要找出错来。

比如，李昂有句"耳临清渭洗，心向白云闲"的诗，对此李权便说："以前尧到了八九十岁的年纪，身体不好，不想再掌管天下了，要把帝位让给许由。许由听到这个消息后，觉得脏了自己的耳朵，于是跑到渭水边去洗耳朵。可是现在天子正值壮年，年富力强，又没有要把皇位让给你，你也要到渭水边洗耳朵，你是想干什么？"

原本，李昂写的这两句诗，就是表达自己悠闲的心态，但是被李权这么一说，几乎成了谋反叛逆的大罪。在大庭广众之下，李昂面对这看似有理有据的解释，竟然方寸大乱，一时想不出反驳的话。两人的事情最终惊动了玄宗。这就是科举考试制度史上著名的开元二十四年进士考试中的"二李之争"。

结果是，考生李权下狱，而且朝廷下令对科举制度进行更改。

《唐摭言》记载："省郎位轻，不足以临多士，乃诏礼部侍郎专之。"《唐国史补》则说得更具体："李昂为士子所轻诋，天子以郎署权轻，移职礼部。"也就是说，造成这件事情的原因是考功员外郎职位过低，不能掌控科考的局面，要是换个大点的官，考生就不敢跟考官这样对着干了。皇帝下令，从此以后，进士考试由礼部负责，由礼部侍郎专门掌管。

不过，对杜甫来说，"二李之争"只是一个插曲。科考落榜，才是属于他的人生记忆。

世界上有些事，终究不是看起来那么简单。

年轻时候的我们，觉得自己比天还高，比地还大，随便做件事，都是惊天动地，轰轰烈烈，但等到真正出发了才知道，天地很大，自己很渺小。

也许，这就叫作年少轻狂。

曾经的骄傲，在现实面前，一败涂地，这就是年少轻狂逐渐走向成熟稳重的过程。

只是，这个时候的杜甫还不知道，自己将会遭遇很多个这样的时刻。

第二卷

长安月冷

陌上有烟雨，人间有风月。

这世界，到底是值得流连和品味的。

有心之人，处处皆有风景；有情之人，时时可见芳菲。

会当凌绝顶

二十五岁的杜甫，经历了人生第一次失败。

他本以为，这次科举能向"致君尧舜上，再使风俗淳"的梦想迈出第一步，没想到却以落第而告终。不过，虽然滋味不好受，但他也不是那么软弱的人，要是被现实一击打就一蹶不振，那他就不是诗圣杜甫了。

收拾好心情后，杜甫又重新上路了，他人生的路还很长，还有无数的机会去实现梦想，也不必急在这一时。这一次，他去的不再是温婉如画的江南水乡，而是苍郁雄浑的齐赵一带。

他在诗中曾这样写道："放荡齐赵间，裘马颇清狂。"字里行间，充满了年少轻狂的气息。齐赵一带，就是现在的山东与河北南部。那些年，他往北去过邯郸，往东去过青州。尽管，具体的生活不得而知，但从他留下的诗来看，当时的日子过得还算不错。

那时候，杜甫的父亲在兖州担任司马。开元二十五年（737）初，杜甫来到了兖州。科考失败让父亲很失望，但这并不影响杜甫在不久之后便开始飘然自得的日子。自然，在这样的日子里，少不了与好友诗酒唱和。

名胜古迹，歌楼酒馆，都有他的身影。登高望远，饮酒写诗，都令他乐在其中。不过，有时候，杜甫也会忽然忧郁起来。某天，他登上兖州城楼，望浮云万里，思今古聚散，于是有了下面这首《登兖州城楼》：

东郡趋庭日，南楼纵目初。

浮云连海岱，平野入青徐。

孤嶂秦碑在，荒城鲁殿余。

从来多古意，临眺独踌躇。

人在登高望远的时候，最容易产生两种情绪：一是眼界开阔，离天更近，山河大地都在脚下，觉得自己特别了不起；二是看到天地的广阔，感到人的渺小，如果有忧心的事情，也许会更加烦闷。

杜甫在兖州城楼感受到的，也许就是第二种。他看到天地广阔，云海相连，山野一色，又看到如今已经衰败的秦碑、荒芜的鲁国宫殿，由此生出了惆怅的情绪。而这样的惆怅，伴随了他的一生，直到生命最后。

对这首诗，清代吴瞻泰《杜诗提要》卷七评价说："杜诗雄奇幽险，无所不备。此作格局正大，有冒，有束，有承，有转，有开，有阖，庄重不苟。至其寓含蓄于行间，寄感慨于言外，则又飞舞纵横，人所不得而测之者也。"

这是他还不到三十岁时写的诗，便得到了后人这么高的评价，杜甫写诗的才华与天赋，可见一斑。

除了喝酒写诗、登高望远这些事之外，杜甫还经常和朋友一起出去打猎。在当时，齐赵等地有很多茂密的山林，是狩猎的好地方。杜甫在《壮游》一诗中回忆起当年在齐赵的生活，射鸟逐兽，纵横山林，当真是无比快意。那个时期，他结识了诗人苏源明，两人在一起喝酒聊天，有时也一起去打猎。意气飞扬的年岁，笔下诗句也是雄壮慷慨，比如这首《房兵曹胡马》：

胡马大宛名，锋棱瘦骨成。

竹批双耳峻，风入四蹄轻。

所向无空阔，真堪托死生。

骁腾有如此，万里可横行。

大宛（yuān）是古西域的一个国家，盛产名马，尤以汗血宝马出名，所以一般说起大宛马，指的就是汗血宝马。这种马不仅跑起来速度极快，耐力好，而且在高速奔跑后会流出血红色的汗水，它的名字也就是这么来的。

张骞（qiān）出使西域后，汉朝使者与西域各国开始频繁往来，使者们在贰师城见到了强健的大宛马，上报给汉武帝。汉武帝听到这个消息后十分高兴，命令使者带着千两黄金以及一匹用黄金打造而成的金马，向大宛国国王换一匹汗血宝马，却遭到了拒绝，汉朝使者也在回国的途中被杀。汉武帝知道消息后，愤怒不已，派大军远征大宛国。大宛国人难以抵挡，只好和汉军议和，答应向汉朝提供良马，大宛马由此流入中国。

唐朝尚武之风浓厚，对马十分重视，像昭陵六骏石刻就是为纪念六匹随唐太宗征战疆场的战马而刻制的。杜甫见到这闻名天下的大宛马，自然也是忍不住夸赞一番。在他的笔下，大宛马仿佛成了一匹所向无敌的神马，横行万里，肆意奔腾。

当然，说起在齐赵一带的杜甫，就自然要提起那首家喻户晓的《望岳》。某天，杜甫想象自己登上了被誉为"五岳之首"的泰山，同时想到孔子"登泰山而小天下"的感慨，对自己的前途也做了一番光明的期许，写下了这首气势磅礴的诗：

岱宗夫如何？齐鲁青未了。

造化钟神秀，阴阳割昏晓。

荡胸生层云，决眦入归鸟。

会当凌绝顶，一览众山小。

看到这"会当凌绝顶，一览众山小"，我们又不禁想到李白的那句"大鹏一日同风起，扶摇直上九万里"，两人都是青年时期写下这样的诗句，都给人一种豪情万丈的感觉。可见，哪怕是后来以沉郁顿挫闻名的杜甫，在这样的好年华，也曾潇洒疏狂过。

不过，日子虽然自在，但有件事是杜甫不能回避的，那便是娶妻生子。转眼间，他已经年近三十，是该成家立业的时候了。开元二十九年（741），杜甫暂时结束了漫游生活，从山东回到了洛阳，在洛阳与偃（yǎn）师之间的首阳山下建了房子。就在这一年，杜甫迎娶了弘农县（天宝年间改为灵宝县）司农少卿杨怡的女儿为妻，算是门当户对。那年，杜甫三十岁，杨氏二十岁。

对于杨氏，史籍记载很少，只知道他们夫妻感情深厚，始终不离不弃。尽管，杜甫没能给他的结发妻子优越的生活，甚至很多时候，他们连饭都吃不饱，衣服都不够穿，还要四处漂泊，但二人一直相互扶持，以最平凡的姿态，演绎了一场美丽的爱情。

多年以后，他的身边仍然是她。他称她为老妻，直白却深情。

最好的爱情，也许就是这样，未必是才子佳人，也未必轰轰烈烈，但无论清贫富贵，始终相伴相依。

偃师附近，是杜甫远祖杜预和祖父杜审言的坟墓。大概是想到远祖杜预的神采，文成武就，一时无两，而反观自己，到了而立之年却一事无成，感慨丛生之际，杜甫写下一篇《祭远祖当阳君文》，盛赞了杜预的卓绝人生。他将杜预作为自己的榜样，也希望能像这位远祖一样尽情施展自己的才华。

天宝元年（742），杜甫的姑姑因病去世。杜甫前往参加葬礼，悲伤不已。大约在之后几年内，父亲杜闲与继母卢氏也相继去世。偌大的世界，仿佛一下就少了许多人，变得空了许多。这些人曾经都是杜甫的依靠，但现在，他只能靠自己，去面对生活的挑战。从天宝二年到天宝三载，杜甫住在洛阳。父亲去世后，整个家庭面临着不小的压力，他必须担起家中长子的责任，学着去谋生，学着成为一棵为别人遮风挡雨的大树。

在这期间，杜甫曾经教授学生，也曾去达官贵人身边担任幕僚。不管是哪一种，日子都不算快活。不过，也只有体验了真实生活的酸甜苦辣，才能真正明白，世间除了月白风清，还有苦恨流离，还有长吁短叹。

大约在天宝二年（743），杜甫去参观了宋之问的故居。宋之问字延清，是初唐时期的诗人，与沈佺期并称"沈宋"，是唐朝律诗发展的重要奠基人，而且与陈子昂、卢藏用、司马承祯、王适、毕构、李白、孟浩然、王维、贺知章并称为"仙宗十友"。

宋之问曾经担任考功员外郎，是杜甫祖父杜审言的好友。他的两个弟弟比较出名，宋之悌英勇过人，宋之逊擅长写草书隶书，宋之问则在写诗作文方面有所成就，兄弟三人各有所长，成了当时的佳话美谈。宋之问的故居，就在偃师县西北首阳山的山腰。这次参观，杜甫曾留下一首《过宋员外之问旧庄》：

宋公旧池馆，零落首阳阿。

枉道祇从入，吟诗许更过。

淹留问耆老，寂寞向山河。

更识将军树，悲风日暮多。

对这位先辈老友的故居，杜甫更多的是感受到了一种物是人非的寂寞。山河依旧在，将军树也一直在，但是那个人，已经随风消逝，不再出现。这几年亲友的离世，谋生的艰难，让杜甫的心中多了一份悲郁，当年写下"会当凌绝顶，一览众山小"的人，也逐渐被生活打磨，失去了一些锐气。

他去游览龙门奉先寺，写诗说："天阙象纬逼，云卧衣裳冷。欲觉闻晨钟，令人发深省。"三十余岁的杜甫，诗中渐渐有了寂寞、悲风等字眼。世事的明暗，人生的悲欢，他已开始深入思索。

人事种种，来去如风，而我们，也只是偶然经过。

诗酒流连岁月

距离上次科考落第，已过去了近十年。在这段时间里，杜甫逐渐从一个鲜衣怒马的少年郎变为成熟稳重的一家之主。也许是生活的磋磨，杜甫没有再去参加科考，而是选择了另一条和李白相似的路。他四处投诗拜访，希望得到贵人的引荐提拔。但这条路也并不好走，直到现在，杜甫的生活也依旧没有什么改变。

有些惆然，有些寥落，但这就是杜甫现在的生活。

然而，因为一个人的出现，杜甫灰暗的日子里似乎亮起了一盏灯，他再次记起了从前自己意气风发的模样。

那是一个叫李白的诗人。

这也将是中国诗歌史上一场伟大的相遇。

天宝三载（744）四月，李白与杜甫在洛阳城相遇。李白比杜甫年长十一岁，性情狂放，飘洒如风。他从蜀中出发，一路走来，到江南，到长安，诗名随着他的故事日渐繁盛。与杜甫相似，李白也有着辅君济世的理想，但是同时，他也热衷于求仙问道和游侠生活。因其飘逸的气质，司马承祯称赞他仙风道骨，贺知章则称他为谪仙人。在人们的印象中，李白是潇洒的，甚至是放浪形骸的。走在世间，他更像个剑客，豪情满怀，恩怨分明。

在李白的生命中，诗和酒始终相随。有诗有酒，他便有了醉意，生活也便有了依托。

不过，真实的生活却不如诗中那般岁月静好，即使是豪放潇洒的李太白，也必须面对真实的生活。因为诗名在外，加上有人引荐，李白以翰林待诏的身份，被召入宫中，被无数人羡慕，看上去很是风光体面，还留下了贵妃捧砚、力士脱靴的佳话。实际上，李白心里却很痛苦，他一直希望能做展翅高飞的大鹏，为大唐江山作出自己的贡献，现在倒成了一只被养在笼中的金丝雀。

说白了，他只是个御用文人，皇帝给他的工作，不过是歌颂盛世，粉饰太平，像一只鸟儿，有人需要的时候，便献上一首悠扬的歌。

这样的生活本就没有趣味，由于才华出众和不愿趋炎附势的傲气，李白得罪了许多人，这些人嫉妒他的才华，时不时在玄宗面前说他的坏话。最终，李白还是选择了离开。玄宗也不算冷漠，答应了他的请求，并给了他一个赐金放还的体面结局。

离开长安后，李白来到了洛阳，便有了这场相遇。李白与杜甫，性格应该说是完全不同的。一个持重，一个天真；一个厚朴，一个飘洒。不过，他们的性情相投，爽快直利，相比于人情复杂的官场，诗酒相和的场景倒是更适合他们。

此时的李白，虽然盛名远播，但在杜甫面前没有丝毫的傲慢。相反，对这个比自己年轻许多的诗人，他很是欣赏。至于杜甫，早就听说过李白的大名，是李白的忠实粉丝，见到偶像后，自然是激动不已。相遇后不久，他们就已经无话不谈，像多年未见的老朋友一样。

我们应该庆幸，一千多年前的洛阳城，李白与杜甫能够遇见彼此，诗仙和诗圣的相遇，这是一个多么激动人心的时刻。在洛阳城里，他们一起游赏名胜古迹，流连山水，醉饮风月。

那些天，他们的日子就是这样，无比快意，无比风雅。

二年客东都，所历厌机巧。野人对腥膻，蔬食常不饱。

岂无青精饭，使我颜色好。苦乏大药资，山林迹如扫。

李侯金闺彦，脱身事幽讨。亦有梁宋游，方期拾瑶草。

喝着酒，写着诗，时光飞逝。

诗酒流连的日子，在不经意间，就走向了结束。

在那个夏天，离别的时候，两个人还意犹未尽，觉得相聚的时光太短了，于是又约定，秋天的时候一起去梁宋游玩。等到了秋天，两人如期赴约。令他们惊喜的是，这次在大梁，他们遇见了在这里漫游的高适。

高适，字达夫，曾经担任刑部侍郎、散骑常侍，被册封为渤海县侯，世称高常侍。作为著名的边塞诗人，高适与岑参并称"高岑"，与岑参、王昌龄、王之涣合称"边塞四诗人"。他的诗笔力雄健，气势奔放，洋溢着盛唐时期特有的蓬勃向上的时代精神。

三十三岁的杜甫，四十一岁的高适，四十四岁的李白，就这样相聚在一起，诗酒唱和，都仿佛回到了快马轻裘的年岁，充满了闲情逸致，也体现着诗人的快意。

花间云下，闹市酒家，常有三个对酒高歌的身影。

沉静的杜甫，豪迈的高适，飘逸的李白。

有诗，有酒，有月。日子潇洒。

离开大梁后，他们又来到宋州。在宋州梁园，他们登上西汉梁孝王的平台，然后到孟诸野湿地游猎，又到梁园北面单父县的单父台宴游。呼鹰逐兔，纵横驰骋，大有苏东坡牵黄擎苍、聊发少年狂的味道。

对此，李白曾在诗中写道："此事不可得，微生若浮烟。骏发跨名驹，雕弓控鸣弦。鹰豪鲁草白，狐兔多肥鲜。邀遮相驰逐，遂出城东田。一扫四野空，喧呼鞍马前。"

后来，杜甫也曾写诗回忆当日豪兴。

> 昔者与高李，晚登单父台。
> 寒芜际碣石，万里风云来。
> 桑柘叶如雨，飞藿去徘徊。
> 清霜大泽冻，禽兽有余哀。

三人在同游的时候，偶尔也说起天下大事，说起初心渐失、纵情声色的玄宗，说起如今乌烟瘴气的朝堂，说起边境暗藏危机，京城贵族却还沉浸在温柔乡。在诗酒之中，讲述着对这个时代的担忧，他们的心中，不只有自己，更有天下。

只是，聚散终有时。天下无不散之宴席，离别的日子伴随着秋去冬来的寒意，渐渐近了。

那年初冬，高适南游楚地。李白前往齐州，到紫极宫领受高天师的道箓。而杜甫，则去往北海拜访李邕。临别时，杜甫以诗相赠，题为《赠李白》：

> 秋来相顾尚飘蓬，未就丹砂愧葛洪。
> 痛饮狂歌空度日，飞扬跋扈为谁雄。

李邕就是李北海，年少成名，后来被召为左拾遗，曾经担任户部员外郎、括州刺史、北海太守等官职。在当时，李邕的书法受人称赞，是写行书碑法的大家，书法风格奇伟倜傥，对后世颇有影响。

李后主说："李邕得右将军之气而失于体格。"《宣和书谱》说："邕精于翰墨，行草之名尤著。初学右将军行法，既得其妙，乃复摆脱旧习，笔力一新。"也就是说，李邕虽然刚开始是模仿王羲之的书法，但后来逐渐写出了自己的风格，可以说是推陈出新的一代书法名家。李邕至今还留有传世碑刻《麓山寺碑》《李思训碑》等。

除了书法，李邕的文采与人品也是不错的，时常会去帮助落魄贫穷的人。因此，无论到了哪里，他住的地方总是有很多访客。李白年轻时也曾去拜访过他，写下一首《上李邕》，虽然这次见面两人不欢而散，但后面李白对他的印象渐渐好起来，还曾经为他打抱不平。李邕虽然声名远播，却对杜甫青眼有加。他们在一起把酒言诗，纵论天下，极是快意。对于李邕，杜甫曾写诗盛赞：

忆昔李公存，词林有根柢。声华当健笔，洒落富清制。

风流散金石，追琢山岳锐。情穷造化理，学贯天人际。

干谒走其门，碑版照四裔。各满深望还，森然起凡例。

天宝四载（745）秋，杜甫再次来到了兖州。

或许，仅仅是为了与那个旷逸的诗人再续诗酒之缘。

杜甫在《春日忆李白》中写道："白也诗无敌，飘然思不群。清新庾开府，俊逸鲍参军。渭北春天树，江东日暮云。何时一尊酒，重与细论文。"对他来说，与李白对饮倾谈，无疑是人生少有的乐事。

诗酒，是可以温暖秋天的。这个秋天，因为有知己相伴，他们都不觉得凄凉。秋风萧瑟的日子，他们前往城北拜访隐士范十，在野山茅屋，受到了范隐士的热情款待。李白写诗记载了这件事，他说："近作十日欢，远为千载期。风流自簸荡，谑浪偏相宜。"悠然之余，杜甫也写了首《与李十二白同寻范十隐居》：

李侯有佳句，往往似阴铿。余亦东蒙客，怜君如弟兄。
醉眠秋共被，携手日同行。更想幽期处，还寻北郭生。
入门高兴发，侍立小童清。落景闻寒杵，屯云对古城。
向来吟橘颂，谁与讨莼羹。不愿论簪笏，悠悠沧海情。

深秋，结束了快意的日子，他们再次分别。

杜甫西去长安，李白则准备重游江南。临别时，李白在兖州城东石门为杜甫设宴送别。李白以诗赠杜甫，题为《鲁郡东石门送杜二甫》。离别之际，所有伤感，尽在酒中。

醉别复几日，登临遍池台。何时石门路，重有金樽开。
秋波落泗水，海色明徂徕。飞蓬各自远，且尽手中杯。

飞蓬各自远。离别后的人们，往往是这样。
曾经携手同游的人们，总要收拾心情，单独上路。
然后在某时某地，不经意间，遇见新知故友。
但令杜甫没有想到的是，这次的离别，竟成了永别。
从此，他再也没有遇见李白。
这大概，就是人生的无常吧。

长安，他是个过客

天宝四载（745）深秋，杜甫作别李白，独自前往长安。此时的他，已经三十四岁。这些年，他虽然四处漫游，但也没忘记最初的理想，走走停停，还是想谋个一官半职。只可惜，他四处奔走请人推荐，将自己写的诗一首首投出去，却始终没有结果。

当时，长安是帝国首都，是大唐无数人梦想的地方。全国各地的人们带着希望，来到这座繁华的都城。杜甫也希望，这次西去长安，能够一展抱负，实现匡君济世的梦想，就像当年在洛阳参加科举考试一样。此时的杜甫，面对未知的长安，也是激动又兴奋的。

以前没人赏识，是因为机会不多，现在到了长安，一定能闯出一条路来。

杜甫怀着这样的心情，朝着长安走去。

长安是历史上第一座被称为"京"的都城，也是历史上第一座真正意义上的城市。周文王时就在这里定都，建立丰京，武王即位后再建镐京，合称丰镐。

汉高祖五年（前202）置长安县，在渭河南岸、阿房宫北侧、秦兴乐宫的基础上兴建长乐宫，高祖七年（前200）营建未央宫，同年国都由栎（yuè）阳迁移到这里，因为地处长安乡，因此取名为长安城，寓意"长治久安"。

长安是十三朝古都，是历史上建都朝代最多、建都时间最长、影响力最大的都城，居中国四大古都之首，也是隋唐时期世界最大的城市。长安是丝绸之路的东方起点和隋唐大运河的起点，是迄今为止唯一被联合国教科文组织确定为世界历史名城的中国城市，与雅典、罗马、开罗并称"世界四大文明古都"。

公元 618 年，李渊称帝，建立唐朝，定都长安。唐太宗和唐玄宗年间先后增建了大明宫和兴庆宫等宫殿。

长安城规模宏伟，布局严谨，结构对称，排列整齐。

外城四面各有三个城门，贯通十二座城门的六条大街是全城的交通干道。纵贯南北的朱雀大街则是一条标准的中轴线，它衔接宫城的承天门、皇城的朱雀门和外城的明德门，把长安城分成了东西对称的两部分，东部是万年县，西部是长安县，东、西两部各有一个商业区，称为东市和西市。城内南北东西四条大街把居民住宅区划分得整整齐齐的，形状就像一个围棋盘。

唐长安城由外郭城、宫城、皇城三部分构成。宫城位于外郭城北部中央，平面图是个长方形，中部为太极宫，正殿为太极殿。东边是皇太子的东宫，西边是宫人居住的掖（yè）庭宫。皇城连接宫城的南边，有东西街和南北街，左宗庙，右社稷，并设有中央衙署及附属机构。城东南角有一座人工园林——芙蓉园，园中有曲江池。

盛唐时期，长安城常住人口和流动人口已达百万之众。其中，除居民、皇族、达官贵人、兵士、奴仆杂役、佛道僧尼、少数民族外，还有来自外国的商人、使者与留学生。

大唐的科技文化、政治制度、饮食风俗等从长安传播至世界各地。另外，西方文化通过唐长安城消化再创造后又传到了周边的日本、朝鲜、缅甸等国家和地区。唐长安城是西方和东方商业、文化交流的汇集地，是当时世界上最大的国际大都会。

那时候，长安城西北开远门立着一块石碑，上面写着"西去安西九千九百里"。安西在那个时候指的是在唐朝控制之下的西域。每次有商队或者军队走丝绸之路时都要经过这里，这块石碑告诉人们，从长安到西域有九千九百里之遥，赤裸裸地彰显着盛世大唐疆域的广阔。

在这座古老的城市中，住着各种各样的人，有穿行在大街小巷的市井平民，有在歌舞楼台中醉生梦死的纨绔子弟，有在朝堂中一心为国的官员，有守护长安城安宁的铁甲战士，有烟花柳巷，有寻常巷陌，有诗词歌赋，有马踏山河，仿佛在这里，人们都能找到自己的依托。

几年前，李白兴冲冲地来到这里，走入了朝堂，却又悻（xìng）悻地离开。杜甫不知道，来到长安之后，自己的命运将会是什么样的走向。在长安城的客店里，他曾有过无数幻想，但不知道是不是他运气不好，每次现实总是和他的幻想差了十万八千里。

初到长安，杜甫的第一感觉是孤独，就像是无数个到大城市的小镇青年一样，这座城市这么繁华，实际却并不属于他。他只是怀着一腔热血，独自来到这里打拼，没有人认识他，也没有人问他从哪里来，因为这里的异乡人实在太多了。有的人来到这里后，混得如鱼得水，有的人却始终与这座城市格格不入，最后只好黯然离去。

在长安城的杜甫，找不到可以喝酒聊天的朋友，面对再好的美景，也只能一个人去欣赏。飞雪的时候，便去听雪，下雨的时候，便去看雨，孤单地来，孤单地去。在这样的寂寞中，杜甫想起了几个月前和他同游共醉的李白。那时，他们在一起喝酒聊天，好不畅快，现在却相隔了几千里，不知道李白现在在哪里，在干什么。杜甫心中感怀，于是写了首《冬日有怀李白》：

寂寞书斋里，终朝独尔思。

更寻嘉树传，不忘角弓诗。

短褐风霜入，还丹日月迟。

未因乘兴去，空有鹿门期。

李白与杜甫，在后来的许多年，只能用诗来表达知己间的深情。杜甫涉及或者写给李白的诗有二十多首，李白写给杜甫的仅有四首。于是人们总说，他们之间的情感不对等。其实，这主要是性格的差异。李白这个人比较洒脱，不太会被个人情感牵绊，杜甫则比较敏感，容易感伤怀旧。

另外，这也和李白的诗多有遗失有关。南宋诗人陆游，自言"六十年间万首诗"，存世的诗真有九千多首。杜甫说，李白斗酒诗百篇，虽然有些夸张，但以李白的才华，一生写下的诗恐怕至少得有几千首。遗憾的是，他的诗大部分遗失了，只有不足千首存世。或许，他写给杜甫的诗，未必只有四首。

更何况，感情的深浅，也不能只用书信的多少来衡量。

各自天涯，山河路远，能彼此牵挂，便不负"朋友"二字。

世间的许多情感，看似平淡寂静，却是无比深沉。往往，最深的情感，反而是深藏于心的。对于李白，杜甫从未停止牵挂和思念。他知道，李白那么狂傲的一个人，在这世间行走，必然不会平坦。后来那些年，他写了多首寄托思念的诗，他总是希望，待他如兄弟的李白，抱负有所依归，生活平顺安澜。

除夕之夜，万家灯火，京城甚是热闹。

然而，所有的欢聚与喧闹，似乎都与他无关。

杜甫就在属于他的那个角落里，喝着酒，孤独地望着外面的世界。此时，开元盛世还未画上句号，但这惆怅的诗人，仿佛已从盛世脱身出来，在繁华的外面，看见了灯火下狂欢中的不安。

今夕何夕岁云徂，更长烛明不可孤。

咸阳客舍一事无，相与博塞为欢娱。

冯陵大叫呼五白，袒跣不肯成枭卢。

英雄有时亦如此，邂逅岂即非良图。

君莫笑，刘毅从来布衣愿，家无儋石输百万。

一壶酒，一窗风。或许还有飞雪。

写着诗，半醉半醒。不知不觉，便来到了次年。

长安如旧，日子如旧。他是个过客。

繁华寂寞，咫尺之间

杜甫在长安城里，领略着帝都风华，也感受着人生无奈。

大唐的故事，此时也不再平静安和，渐渐有了杂乱，有了风云动荡。曾经励精图治、重用贤能之士，经过数年不懈努力缔造了开元盛世的唐玄宗，已经没了从前的进取心。他想着，自己前半辈子兢兢业业，把国家搞得这么好，现在，也该享享福了。

武惠妃去世后，唐玄宗一直郁郁寡欢，高力士送来许多美女，他都不满意，直到杨玉环的出现，才让他眼前一亮。这是一个风华绝代的美人，唐玄宗对她是一见钟情，但当时的杨玉怀，是儿子寿王李瑁（mào）的王妃，也就是他的儿媳。爸爸要抢儿媳，这是怎么也说不过去的，所以呢，玄宗就想了个招，下令让杨玉环出家为女道士，道号"太真"，住进了宫里的太真观。这样既能每天在宫中见到杨玉环，又不至于让事情显得太突然。

等杨玉环在宫中住了几年后，大家也就慢慢接受了这个现实。天宝四载（745），玄宗册立杨玉环为贵妃，还亲自谱作了《霓裳羽衣曲》，召见杨贵妃时，命令乐工演奏这首新曲子，赏赐杨玉环金钗和钿（diàn）盒，并将金钗亲自插在她的头发上。玄宗对后宫的人说："我得到了杨贵妃，就像是得到了最珍贵的宝物。"

从此，后宫佳丽三千，他只宠杨玉环一人。

有了杨玉环之后，唐玄宗对政事更加不上心，整天只想着怎么享乐，将朝政大事都交给了宰相李林甫处理。但李林甫并不是一个贤相，相反，他是唐朝历史上有名的奸相，以"口蜜腹剑"著称，也就是我们常说的笑面虎。

李林甫当宰相这些年，嫉妒贤才，闭塞言路，仗着皇帝的信赖，专横跋扈，将朝堂搞得乌烟瘴气。他的下面自然也少不了溜须拍马的奸诈小人，这些人翻云覆雨、横征暴敛，百姓早已对他们怨声载道，看似繁华的背后，其实早已暗藏了不少危机。这些危机如裂痕一般与日俱增，一朝爆发后，盛世也将在瞬间崩塌，并且从此以后再也无法回到原样。

但此时的诗人们，还无法预知到这次崩塌的到来，他们只是对朝堂不正的风气心有不满，却又无可奈何，只能靠诗酒来抒发内心的感受。

曹操曾说："对酒当歌，人生几何。"

在酒中，在诗歌里，人们可以暂时忘记身边的一切，得到片刻的欢愉。杜甫也欣赏对酒当歌的豪放之人，所以他写了首诗，题为《饮中八仙歌》。其中有李白，有贺知章，还有六个无酒不欢的身影。

知章骑马似乘船，眼花落井水底眠。

汝阳三斗始朝天，道逢麹车口流涎，恨不移封向酒泉。

左相日兴费万钱，饮如长鲸吸百川，衔杯乐圣称避贤。

宗之潇洒美少年，举觞白眼望青天，皎如玉树临风前。

苏晋长斋绣佛前，醉中往往爱逃禅。

李白一斗诗百篇，长安市上酒家眠，

天子呼来不上船，自称臣是酒中仙。

张旭三杯草圣传，脱帽露顶王公前，挥毫落纸如云烟。

焦遂五斗方卓然，高谈雄辩惊四筵。

四明狂客，是贺知章的自号。他性格狂放，不拘小节。几年前，他在长安遇见李白，两人一见如故，不仅一起在闹市喝酒，贺知章还把皇帝赏赐给他的金龟抵了酒钱，这也是著名的"金龟换酒"的由来。醉酒后的贺知章，骑着马走在街头，总是摇摇晃晃，像是在乘船一样。因为醉眼昏花，以至于掉进井里都不知道，索性就在井底睡了过去。

汝阳王李琎（jìn），地位显赫，同样很爱喝酒，而且胆子很大。别的官员上朝都是战战兢兢，生怕衣服哪里没弄好、哪句话没说对就掉了脑袋，他倒好，敢喝完三斗酒再去上朝拜见天子。在路上遇到装酒的车子，口水都要流出来，恨不得将自己的封地迁到酒泉去，可以说完全就是一个酒鬼了。

天宝年间的左丞相李适之，和李琎比起来显得正常一点。他也喜欢喝酒，但不是一个人喝，而是喊一大帮人来陪他喝，常常在家里开酒宴，喝一天酒，要花费上万文钱，没点家底，还真的折腾不起。在杜甫笔下，他酒量极大，像鲸吞百川之水。后来，李适之受到李林甫排挤，罢相后，仍旧时常与亲友在一起喝酒，酒兴丝毫未减。

李白的朋友崔宗之，风流倜傥，俊逸洒脱。他喝酒的时候，最喜欢一个动作——高举酒杯，翻着白眼，远远望着天空，对周围都不屑一顾。喝醉后，由于他长得好看，醉也醉得好看，所以还是一个玉树临风的帅哥，很有魅力。开元年间的进士苏晋，曾是户部和吏部侍郎，虽然长期信奉佛教，但也非常好饮，经常醉酒。

还有癫狂的张旭。他是草书圣手，醉酒的时候，不管是否有王公显贵在场，就自顾自地脱下帽子，奋笔疾书，自由挥洒，字迹如云烟般舒卷自如。他喜欢的很简单，就是沉沉地醉去，然后在醉意朦胧的时候，笔走龙蛇。还有布衣焦遂，也是嗜酒之人，而且酒量惊人。据说，他喝酒五斗后才有醉意，总会高谈阔论，滔滔不绝，常常语惊四座。

当然，最让杜甫钦佩的，还是被贺知章称为"谪仙人"的李白。

天子呼来不上船，自称臣是酒中仙，这就是他。

桀骜不驯，豪放纵逸。诗仙，就应该是这样。

杜甫就像是作了一幅画，将这些爱喝酒的人巧妙地安置其中。看那些癫狂肆意的身影，就能看出杜甫骨子里的狂傲。他何尝不想，带着几分酒意,在醉与醒之间,潇洒地度过人生。但他又不愿独善其身,从小的儒家教育让他心怀天下。

只是,报国无门,济世无路。

那份赤诚之情,终于没能被那王朝真诚安放。

随着眼中的世界渐渐昏暗,终于成了愤懑与忧伤。

天宝五载(746),长安发生了一起震动全国的大案。李林甫千方百计地想要剥夺太子李亨的储君位置,有预谋地组织了一场对东宫近臣和亲友的大屠杀。天宝六载初,太子妃的兄长韦坚被流放,不久后被杀,皇甫惟明被下令自裁。

在这起案件中,李林甫肆意罗织罪名,广泛株连,因此案被贬的人达到了几十个。杜甫《饮中八仙歌》中的左相李适之,先是被罢相,改任太子少保,又被贬为宜春太守,最后服毒自尽。甚至,年迈的北海太守李邕,也在此案中被杖杀。杜甫的朋友,给事中房琯也被逐出了京城。

天宝六载十月,唐玄宗下令让王嗣宗发兵攻打吐蕃石堡城,王嗣宗上疏主张持重稳守,不宜发动进攻,却被扣上了阻挠军功的罪名,李林甫落井下石,唆使人诬告王嗣宗。结果,王嗣宗被贬为汉阳太守,不久后便忧愤而死。

这些事,当时的杜甫恐怕并不知晓。

但是,当历史的真相呈现在他面前时,他必会无比愤慨。

世态的丑陋,岁月的清白,在他的诗里清清楚楚。

天宝六载(747),玄宗开设制科考试,诏令"通一艺以上皆诣京师"。换句话说,但凡有一技之长的人,都能入京参加考试。杜甫和诗人元结都参加了这次考试。然而,李林甫却在这次考试中施展专权手段，以致没有一个人被录取。皇帝觉得很奇怪，来问李林甫，而李林甫给出的答复居然是"野无遗贤"，意思是有才能的人都被录用了，没一个遗漏的。

很显然，这是李林甫为了把控朝政而故意提出的借口，在他心中，与其让贤才得到重用，引起朝堂纷争，倒不如保持现状，自己继续一手遮天。他的这种做法，全然只顾及自己的利益，却没有为国家的长远发展考虑，大唐的朝政把控在这样的人手里，出问题也是迟早的事。

杜甫原本是抱着很大希望前去的，却得到了这样的结果，心中的愤懑可想而知。几年后，李林甫去世，杜甫终于在诗中一吐悲愤："破胆遭前政，阴谋独秉钧。微生沾忌刻，万事益酸辛。"此外，在他的《贫交行》中也写道："翻手作云覆手雨，纷纷轻薄何须数。"

这一年，孔巢父离开长安前往江东，京师好友蔡侯为他设宴饯行，杜甫在席间吟诗一首，赞扬孔巢父的才德，题为《送孔巢父谢病归游江东兼呈李白》。

巢父掉头不肯住，东将入海随烟雾。

诗卷长留天地间，钓竿欲拂珊瑚树。

深山大泽龙蛇远，春寒野阴风景暮。

蓬莱织女回云车，指点虚无是征路。

自是君身有仙骨，世人那得知其故。

惜君只欲苦死留，富贵何如草头露？

蔡侯静者意有余，清夜置酒临前除。

罢琴惆怅月照席，几岁寄我空中书？

南寻禹穴见李白，道甫问讯今何如？

孔巢父字弱翁，是孔子第三十七世孙，与杜甫和李白都交情不浅。

几年前，孔巢父与李白、韩准、张叔明、陶沔（miǎn）、裴政隐居徂徕（cú lái）山，在山中纵酒放歌，啸傲泉石，举杯邀月，作诗无数，当时人称"竹溪六逸"。他德才兼备，被举荐到长安为官。但在天宝六载，又主动辞官归隐江东（今浙江会稽）。之所以辞官，大概就是对朝廷奸佞当道的现状感到极其厌恶和悲愤。

后来，孔巢父为匡扶社稷，再度复出，担任湖南观察使。唐德宗建中年间，升官至给事中。因为他足智多谋，又很会说话，深得朝廷器重，被称为"知君名宦"。

我们看到，杜甫在送别孔巢父时，仍掩不住对李白的牵挂，足见他对李白的情深义重。可惜，苍茫茫的人间，他只能隔着千山万水，对那来去如风的诗人，道声安好。

诗酒酬唱，快意飘洒，毕竟已是从前。

他也想疏狂。但无论如何，做不到李白那样的飘洒。

长安月冷。他不得不为生计而奔走。偶尔饮酒思虑。

他已看到，繁华中若隐若现的萧瑟。

甚至，还有山雨欲来。

红尘如客栈

这场"野无遗贤"的闹剧，无疑是对杜甫的又一次打击。他原本以为，这次在考场上能一展身手，但没有想到，李林甫根本就没有录用新人才的想法。为了实现自己的政治理想，杜甫不得不继续拜访名流权贵，投赠干谒，但都没有结果。

他就这样在长安蹉跎了十年，四处奔走献赋，却始终郁郁不得志，过着贫困的生活，就像他在诗文中所写的那样："举进士不中第，困长安。"回想起第一次来长安时的兴奋，杜甫的心渐渐冷了下来，他在这座城市里看到无数人功成名就，一步登天，而他自己，却依旧停滞不前。

后来回忆起这段岁月，他这样写道："卖药都市，寄食友朋。"为了能够在长安生存下去，下笔如有神的杜甫只好去市集卖药，靠着朋友的接济过日子。这样的生活，可以说是充满了凄凉，苦撑着度日。

有个词叫"长安米贵"。少年白居易来到长安，带着自己的诗稿去拜访文坛前辈顾况，后者看到他的名字，便嘲笑道："长安米贵，居大不易。"也就是说，长安这座城市，不是谁都能常住的。不过，当顾况看到"野火烧不尽，春风吹又生"这两句，便立刻改口说："道得个语，居即易矣。"意思是说，凭你所写的诗，可以在长安立足。

当然，话虽如此，想要仅凭才华在长安生存，也是不容易的。杜甫总是时运不济，遇不到贵人提携，一个文人如果没有功名在身，即使有再高的才华，也往往会被看不起。

在长安城生活了这些年，杜甫也认识了一些朋友，正是这些朋友，让他在这座都城感受到了温情。对他帮助最多的，是韦济、李琎等人。韦济在天宝七载（748）由河南尹被提拔至尚书左丞，监管吏部、户部和礼部的事务。他比杜甫年长二十多岁，对杜甫的才华非常欣赏，也时常资助他。杜甫曾写诗相赠，题为《奉赠韦左丞丈二十二韵》：

纨袴不饿死，儒冠多误身。丈人试静听，贱子请具陈。

甫昔少年日，早充观国宾。读书破万卷，下笔如有神。

赋料扬雄敌，诗看子建亲。李邕求识面，王翰愿为邻。

自谓颇挺出，立登要路津。致君尧舜上，再使风俗淳。

此意竟萧条，行歌非隐沦。骑驴十三载，旅食京华春。

朝扣富儿门，暮随肥马尘。残杯与冷炙，到处潜悲辛。

主上顷见征，欻然欲求伸。青冥却垂翅，蹭蹬无纵鳞。

甚愧丈人厚，甚知丈人真。每于百僚上，猥诵佳句新。

窃效贡公喜，难甘原宪贫。焉能心怏怏，只是走踆踆。

今欲东入海，即将西去秦。尚怜终南山，回首清渭滨。

常拟报一饭，况怀辞大臣。白鸥没浩荡，万里谁能驯？

心中日月，笔下乾坤。这就是杜甫。

这首诗里，有狂傲，有不羁，也有对生活的无奈。

他说："赋料扬雄敌，诗看子建亲。李邕求识面，王翰愿卜邻。"惊世的才气，让他傲视天下文人。甚至，连李邕、王翰这样的名流，也以和他相识相邻为荣。事实上，他并不满足于诗酒生活，他有着辅弼君王的理想，也就是"致君尧舜上，再使风俗淳"。修身齐家，治国平天下，然后功成身退，他理想的人生大概就是这样。

然而，现实却是，多年之后，他仍在人间漂泊。

他说："朝扣富儿门，暮随肥马尘。残杯与冷炙，到处潜悲辛。"这样的生活可谓凄惨。但不管怎样，日子总要过。

"生活"二字，本就是难解的谜题。有日光倾城，就有雨雪凄迷；

有春和日暖，就有秋风萧瑟。我们能做的，不过是在低回冷落的时候，保持足够的勇气和热忱，以待月朗风清。认清了生活的模样，仍能与生活坦然对酌。或许，这就是答案。

汝阳王李琎，也就是杜甫《饮中八仙歌》中恨不得移居酒泉的那位，是唐玄宗的侄子。不过，他大概是深知朝廷政局变幻莫测，直到去世，也没有在朝中任职。杜甫到长安后，结识了汝阳王，尽管地位悬殊，但二人因性情相投而多有来往。汝阳王对杜甫多有接济，杜甫也曾以诗相赠，其中写道：

学业醇儒富，辞华哲匠能。笔飞鸾耸立，章罢凤骞腾。
精理通谈笑，忘形向友朋。寸长堪缱绻，一诺岂骄矜。
已忝归曹植，何知对李膺。招要恩屡至，崇重力难胜。
披雾初欢夕，高秋爽气澄。樽罍临极浦，凫雁宿张灯。
花月穷游宴，炎天避郁蒸。砚寒金井水，檐动玉壶冰。
瓢饮惟三径，岩栖在百层。且持蠡测海，况把酒如渑。
鸿宝宁全秘，丹梯庶可凌。淮王门有客，终不愧孙登。

长安月下，有诗有酒，有两个放旷的身影。

在这场把酒言欢中，杜甫想起了一个叫孙登的人。根据《晋书·隐逸传》记载，孙登是个著名的隐士，他居住在汲郡的北山，喜欢读《易经》，爱好弹琴，嵇康跟着他在一起游历了三年。这三年之中，嵇康曾经问他有什么志向，孙登却始终没有回答。等到二人将要分别的时候，孙登才说道："你的才华虽高，见识却短浅，恐怕很难在如今的世间保全自己啊。"嵇康后来果然被司马昭所害，在临死之前曾写下《幽愤》诗："昔惭柳下，今愧孙登。"后悔自己当初没有听从孙登的话，卷入政治的旋涡却无法自保。

杜甫写下"淮王门有客，终不愧孙登"，便是借孙登的典故，表达自己一定会有所作为，不辜负汝阳王的期望。

这首诗格律严谨，用典丰富，可以说是杜甫长篇律诗的代表作。胡应麟曾对杜甫的诗评价道："杜甫那些写了五十韵甚至百韵的长篇律诗，极尽铺陈，显得有点琐碎。大概长篇律诗往往就容易写得冗长，是不得不出现的问题。只有赠给汝阳王、哥舒翰、李白、韦见素这些人的长篇律诗，格调精严，体骨匀称。每读一篇，诗中的人物经历，一下子就了如指掌，而且精细刻画出了人物的形神意气，简直像周昉（fǎng）画的画、司马迁写的传一样，达到了化境。而且杜甫的律诗还要遵循声律的规则，尤为难写，可以说是超越古今的造诣了。"

杜甫赠给汝阳王的这首诗，便是属于胡应麟评价中格调精严、体骨匀称的佳作。篇幅虽长，却像画一般，一笔一笔勾勒出汝阳王才华横溢、道德高尚的形象，同时描画出了二人在一起畅饮时的情形，又像司马迁写的传一样，对很多细节也有所注重，的确当得起明朝大诗论家胡应麟的高度评价。

天宝八载（749）冬，杜甫曾离开长安回到故乡，在洛阳城北参观当时已改名为太微宫的玄元皇帝庙。在那里，他欣赏了吴道子的壁画《五圣图》，并写诗以记。这次回乡的时间很短，不久后他便回到了长安。

天宝九载（750），杜甫赠诗给张垍（jì）请求引荐，题为《奉赠太常张卿垍二十韵》。张垍是前宰相、文坛宗主张说的二儿子，也是玄宗的女婿，深受皇帝恩宠，玄宗特许他在宫里建造内宅，平时也会让他随侍在身边写写诗文，赏赐给他的珍宝古玩，可以说多得数不胜数。

次年正月，玄宗在长安举行了三场祭祀活动：祭祀玄元皇帝、太庙和天地。因为有张垍的协助，杜甫有了在皇帝面前进献文章的机会，他向玄宗呈上了三大礼赋，分别是《朝献太清宫赋》《朝享太庙赋》和《有事于南郊赋》。这三篇礼赋文辞华丽，气势恢宏，玄宗读后大为赞赏，便让他待制集贤院，还命宰相考核他的诗文。史书上记载说"帝奇之，使待制集贤院，命宰相试文章"。

对于杜甫，这算是长安岁月中少有的荣耀时刻。

看上去，他就快要实现自己的抱负了，文章都被皇帝夸赞了，前途真是一片光明。

但是，正当杜甫等着皇帝的重用时，却是等来等去，都没有结果，就像是他投出去的那些诗文一样，都是石沉大海的结局。

才华是有的，夸赞也是有的，但玄宗也许又只是将杜甫看成了一个歌颂太平的文人，并不打算让他在政坛上有所作为，就像当初对李白一样。杜甫有首诗题为《莫相疑行》，其中写道："忆献三赋蓬莱宫，自怪一日声辉赫。集贤学士如堵墙，观我落笔中书堂。"就是说，他接受考核，写文章的时候，集贤殿书院的学士们争相围观，看他潇洒落笔。那是多么令人羡慕的场景，也让杜甫大大地出了一回风头，可结果却让他很无奈。他在诗中写道：

昭代将垂白，途穷乃叫阍。气冲星象表，词感帝王尊。
天老书题目，春官验讨论。倚风遗鹢路，随水到龙门。

竟与蛟螭杂，空闻燕雀喧。青冥犹契阔，陵厉不飞翻。

儒术诚难起，家声庶已存。故山多药物，胜概忆桃源。

欲整还乡旆，长怀禁掖垣。谬称三赋在，难述二公恩。

就这样，欣喜开始，愤懑结束。

他说，空闻燕雀喧闹，难展鸿鹄之志。

按理说，杜甫的文采与品行几乎是无可挑剔的。但那场考试后，他被通知静候结果。这一等，实际是没有结果。史书上记载："送隶有司，参列选序。"就是说，等时机到了，便立马起用，听上去很好，但并没有落到实处。

要是真说起来，其实还是李林甫从中作梗。从前，他说野无遗贤，现在肯定也不允许杜甫这样的人出现在皇帝身边。李林甫妒忌贤能，却偏偏在朝堂上只手遮天，可以说，只要有他在，杜甫就难有出头之日。话说回来，杜甫即使因这三篇礼赋被起用，怕也不过是像李白那样，在皇帝身边做个粉饰太平的闲散文人。这与杜甫辅佐君王、指点江山的梦想，显然是相差很远的。

天宝十载（751），四十岁的杜甫，依旧在长安漂泊。生活清苦，他的身体也渐渐变得衰弱。这年秋天，长安经常下雨，到处有房子倒塌。杜甫染上了疟（nüè）疾，生活更是凄凉。他给友人王倚写信说："疟疠三秋孰可忍，寒热百日相交战。"

他在诗中写道："君不见空墙日色晚，此老无声泪垂血。"

心忧天下的杜子美，似乎被那个世界遗忘了。

他只能，以诗为炉火，得几分温暖。

烂醉是生涯

不惑之年的杜甫，活得寂静而潦倒。

长安的繁华都是别人的，他在繁华之外，独自面对满地的凄凉。

幸好，他足够坚强。对生活，他从未失去热情。事实上，因为有诗，他渐渐从困窘中走了出来，放下了个人的小悲喜，拾起的，是整个时代的浮沉。

他已看见，所谓的大唐盛世，早已是阴云密布。天子沉迷声色，权臣遮天蔽日，大唐政治早已不再是从前的清明。而边境，也因为统治者的好大喜功而时常有战乱发生，结果必然是苍生遭难，百姓流离。

天宝六载，高仙芝远征吐蕃，长途跋涉，与吐蕃在连云堡会战；天宝八载年，哥舒翰强攻吐蕃石堡城，唐军伤亡数万人，战后尸横遍野；天宝九载，杨国忠推荐鲜于仲通担任剑南节度使，次年四月，鲜于仲通发兵八万征讨南诏，南诏王阁罗凤求和，鲜于仲通不同意，双方展开恶战，结果唐军大败，折损数万人。

杨国忠不仅隐瞒了败绩，还在两京与河南、河北等地强行征兵，百姓不同意，他就派御史抓人，戴上枷锁送往军所，征兵的地方百姓怨声载道。对于这样的行为，杜甫痛心疾首，却又无计可施，只能写诗表达谴责与悲哀。

他写了九首《前出塞》，诗中写道："杀人亦有限，立国自有疆。苟能制侵陵，岂在多杀伤？"对没有必要的边境战争提出了疑问。杜甫曾亲眼看见，士兵出发时，父母妻子牵着他的衣服拦在道路上，哭声震天，泪流满面；他也曾亲眼所见，万千青壮年被强行征兵后，良田无人耕种，妻儿无所依靠。

自然，杜甫也知道，真实的战争一定是碧血连城、白骨成丘。许多年后，一个叫陈陶的诗人这样写道："可怜无定河边骨，犹是春闺梦里人。"这就是战争的残酷与真实。杜甫写了首《兵车行》，想必写这首诗的时候，他的心也在滴血。

车辚辚，马萧萧，行人弓箭各在腰。
耶娘妻子走相送，尘埃不见咸阳桥。
牵衣顿足拦道哭，哭声直上干云霄。
道旁过者问行人，行人但云点行频。
或从十五北防河，便至四十西营田。
去时里正与裹头，归来头白还戍边。
边庭流血成海水，武皇开边意未已。
君不闻，汉家山东二百州，千村万落生荆杞。
纵有健妇把锄犁，禾生陇亩无东西。
况复秦兵耐苦战，被驱不异犬与鸡。
长者虽有问，役夫敢伸恨？且如今年冬，未休关西卒。
县官急索租，租税从何出？信知生男恶，反是生女好。
生女犹得嫁比邻，生男埋没随百草。
君不见，青海头，古来白骨无人收。
新鬼烦冤旧鬼哭，天阴雨湿声啾啾。

天宝十载（751）末，杜甫在远房堂弟杜位家中度过了除夕。

杜位是李林甫的女婿，他的宅子在长安东南，濒临曲江。本是合家团聚的日子，杜甫却只能在别人家里惨淡度过，滋味可想而知。他在《杜位宅守岁》中写道："四十明朝过，飞腾暮景斜。谁能更拘束，烂醉是生涯。"实际上，那些年的杜甫，温饱都成问题，醉酒就更是一件奢侈的事。

在长安生活的后期，有三个朋友给了杜甫不少安慰，分别是高适、岑参、郑虔。高适在宋州与杜甫李白分别后，浪游数年，最终在河西节度使哥舒翰的幕府做书记，天宝十一载到了长安。岑参与高适合称"高岑"，从天宝八载开始在安西四镇节度使高仙芝的幕府担任书记，天宝十载随高仙芝入京。

郑虔是盛唐时期的一代名流，是文学家、诗人、书画家，又精通经史、天文、地理、博物、兵法、医药等，可以说是近乎百科全书式的一代通儒，杜甫称赞他"荥阳冠众儒""文传天下口"。天宝九载，郑虔作了一幅山水画，并在上面写了一首诗献给皇帝。玄宗见到画后大加赞赏，称为"郑虔三绝"，意思就是说郑虔的诗、书法、绘画都很厉害。

不仅如此，玄宗还在最高学府国子监内特地设置了一处广文馆，任命郑虔为广文馆的首任博士，从此以后，郑虔便名扬天下。杜甫与他交情匪浅，不仅与他诗酒酬对，也曾纵游山水。一次，他们同游山林，兴之所至，杜甫作诗记下了这件事。

不识南塘路，今知第五桥。名园依绿水，野竹上青霄。
谷口旧相得，濠梁同见招。平生为幽兴，未惜马蹄遥。
……
幽意忽不惬，归期无奈何。出门流水住，回首白云多。

自笑灯前舞，谁怜醉后歌？只应与朋好，风雨亦来过。

对于那些年的杜甫来说，这是少有的悠然时光。

长安这个地方，于许多人是依归之处，于他却只如荒野。

世间的很多地方，只有身在其中才知道到底是明艳还是黯淡。就仿佛，遇见某处风景，从外面看山明水净，走过去才发现，明净的外表下尽是泥沼，尽是枯枝败叶。故事外面的人们，只知道故事曲折动人，却不知具体的情节里，有怎样的苦辣酸甜。

天宝十一载（752）秋，杜甫和高适、岑参、薛据、储光羲一起登临了曲江附近著名的慈恩寺大雁塔。秋高气爽，云淡风轻，与几个好友登高望远，应该说是极其快意的日子。一帮诗人聚集在一起，自然也少不了吟诗作对。除了薛据的诗已经遗失外，其余几人所作的诗都流传后世。杜甫的诗中，有明显的愁绪。大概，在满目的秋光里，他已看到了大唐河山动荡的迹象。

高标跨苍穹，烈风无时休。自非旷士怀，登兹翻百忧。
方知象教力，足可追冥搜。仰穿龙蛇窟，始出枝撑幽。
七星在北户，河汉声西流。羲和鞭白日，少昊行清秋。
秦山忽破碎，泾渭不可求。俯视但一气，焉能辨皇州。
回首叫虞舜，苍梧云正愁。惜哉瑶池饮，日晏昆仑丘。
黄鹄去不息，哀鸣何所投。君看随阳雁，各有稻粱谋。

天宝十一载深冬，李林甫病死。

然而，继任首相的杨国忠，也并不是忠厚贤良的人。

　　杨国忠比起李林甫，人品才能更加不行。李林甫至少还口蜜腹剑，做做表面功夫，杨国忠则专横跋扈，想干什么就干什么，把朝堂又搞得一团乱。杨国忠本名杨钊（zhāo），年轻时在蜀地混迹市井，嗜酒好赌，就是一个小混混。后来，杨玉环得宠，靠着远房亲戚的关系，杨国忠被召入宫中，加上他善于阿谀奉承，深得玄宗喜爱，从此步步高升，直至宰相。大臣们对他虽然心有怨念，但也都是敢怒不敢言。

　　杨玉环得宠之后，杨家人也纷纷显贵起来。养父杨玄珪被提升为光禄卿，哥哥杨铦（xiān）升任鸿胪卿，堂兄杨锜（qí）当上了侍御史。

　　最受瞩目的是杨玉环的几个姐姐。大姐被封为韩国夫人，三姐被封为虢（guó）国夫人，八姐被封为秦国夫人。这几个姐姐不仅赐有长安住宅，每人每月还能各领十万钱脂粉费。玄宗游幸华清池的时候，以杨氏五家为侍从，每家一队，穿一色衣，五家合队，五彩缤纷，沿途掉落了一地的首饰，这种奢侈程度可以说无以复加。杨家一族，娶了两位公主、两位郡主，玄宗还亲自为杨氏御撰和御书家庙碑。

　　半个世纪后，白居易在《长恨歌》中写道："姊妹弟兄皆列土，可怜光彩生门户。遂令天下父母心，不重生男重生女。"可以说是对杨家荣耀的经典概括。不过，杨家满门光彩照人，杜甫却是对此深恶痛绝。

　　天宝十二载（753），杜甫作诗《丽人行》，通过描写杨氏兄妹曲江春游的情景，揭露了自玄宗以下统治者荒淫腐朽作威作福的丑态，从一个角度反映了安史之乱前夕的社会现实。全诗场面宏大，鲜艳富丽，笔调细腻生动，讽刺含蓄不露，达到了前人所说的"无一刺讥语，描摹处语语刺讥；无一慨叹声，点逗处声声慨叹"的艺术效果。

三月三日天气新，长安水边多丽人。
态浓意远淑且真，肌理细腻骨肉匀。
绣罗衣裳照暮春，蹙金孔雀银麒麟。
头上何所有？翠微䕠叶垂鬓唇。
背后何所见？珠压腰衱稳称身。
就中云幕椒房亲，赐名大国虢与秦。
紫驼之峰出翠釜，水精之盘行素鳞。
犀箸厌饫久未下，鸾刀缕切空纷纶。
黄门飞鞚不动尘，御厨络绎送八珍。
箫鼓哀吟感鬼神，宾从杂遝实要津。
后来鞍马何逡巡，当轩下马入锦茵。
杨花雪落覆白苹，青鸟飞去衔红巾。
炙手可热势绝伦，慎莫近前丞相嗔！

他的诗，从苍生的疾苦，转到了统治者的庸碌荒淫。

民生多艰，朝廷腐朽，许多人沉默着，却也有人冰冷下笔。

杜甫很难过，他想要辅佐的天子，没了从前的志气，也没了该有的识人之明。如果说重用李林甫、杨国忠等人还只是导致朝廷昏暗，那么重用安禄山则是河山破碎的开始。玄宗不知道也不相信，备受恩遇的安禄山会有谋逆的心思。

　　温柔乡里，君王还在醉生梦死，沉醉在大唐繁华的美梦中，沉醉在美人美酒相伴的乐趣中，沉醉在群臣的一片歌功颂德声中，沉醉在对长生不老的追求中，却没有注意到朝堂之上的腐朽黑暗，没有看到盛世之下的民怨沸腾，没有察觉到边境之中暗藏的危机。

　　开元盛世，就这样在缓歌慢舞中，渐行渐远。

第三卷

≫

乱世浮沉

世间没有人天生喜欢流浪。

如果可以,我们都愿意活得安适太平。

只是,若生活赋予我们流浪,我们便只能风雨兼程。

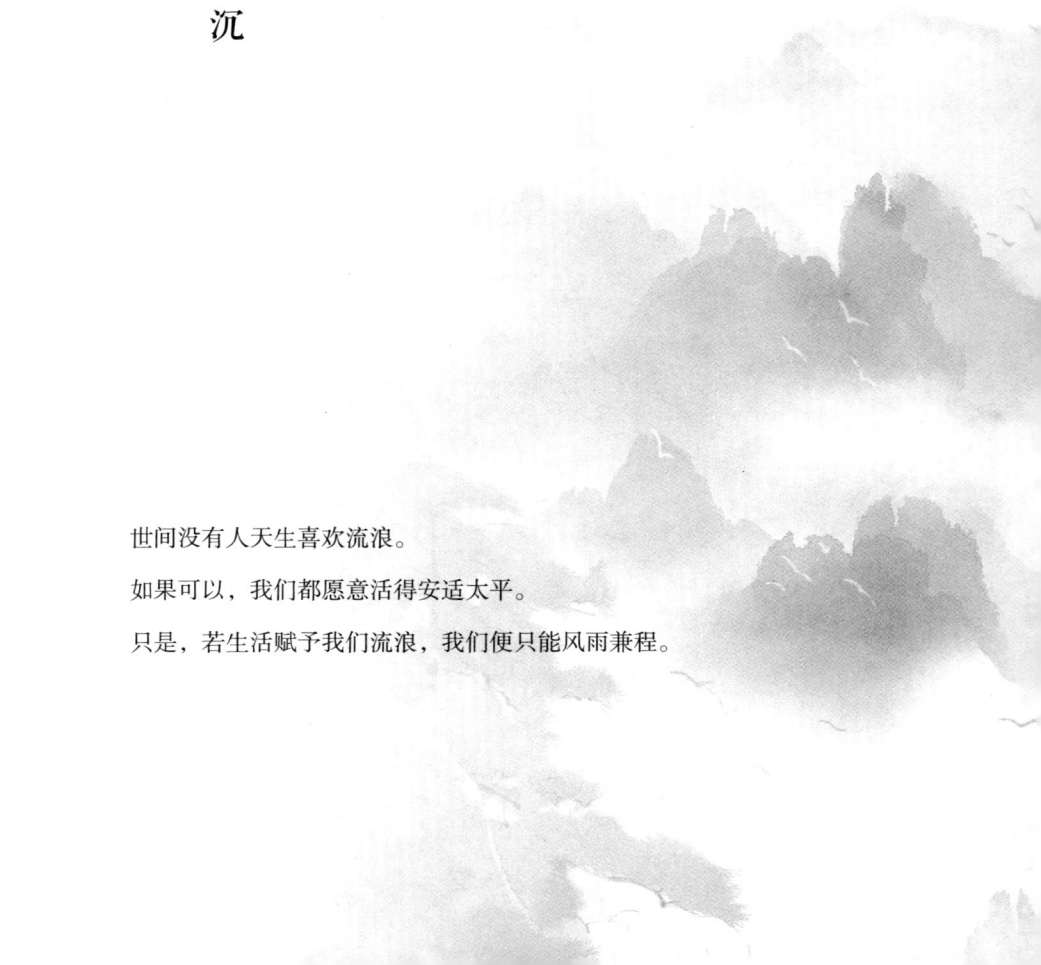

凄凉为折腰

天宝十二载（753）八月，长安秋雨连绵，连续两月不见晴天，一场饥荒席卷而来，粮食短缺，物价飞涨。为了应对这场饥荒，玄宗下令，政府从太仓里拨出十万石米低价卖给长安民众，每人每天领五升米，一直可以领到来年的春天。

这期间，杜甫写了许多关于这场雨的诗篇，其中包括三首《秋雨叹》：

其一

雨中百草秋烂死，阶下决明颜色鲜。

著叶满枝翠羽盖，开花无数黄金钱。

凉风萧萧吹汝急，恐汝后时难独立。

堂上书生空白头，临风三嗅馨香泣。

其二

阑风长雨秋纷纷，四海八荒同一云。

去马来牛不复辨，浊泾清渭何当分？

禾头生耳黍穗黑，农夫田妇无消息。

城中斗米换衾裯，相许宁论两相直。

其三
长安布衣谁比数？反锁衡门守环堵。
老夫不出长蓬蒿，稚子无忧走风雨。
雨声飕飕催早寒，胡雁翅湿高飞难。
秋来未曾见白日，泥污后土何时干？

　　他像一个工笔画家，以诗为笔，细致地勾勒出了长安城的这场雨灾饥荒。第一首由万物凋零中决明子的一抹鲜亮，而想到自己的处境，想到花有落尽日，人有老去时，由此感伤起来。第二首则写出了在连日阴雨下长安城百姓的处境，以往这个时候，田地里本应热火朝天，人们忙着秋收，可如今却是稻穗腐烂发黑，秋雨凄凉，用绸缎才能换来一斗米，可见饥荒之苦。第三首写到自身的寂寥与苦闷，以及对晴天光明的等待。

　　一笔一画间，虽有决明子、无忧稚子带来的一抹鲜亮，但依旧无法避免感伤的情绪。在这样的淫雨霏霏中，想要排解烦忧，最好的办法便是去找友人喝酒聊天。

　　在长安城的时候，杜甫时常去找郑虔喝酒，开怀痛饮。

　　这年，曾在山东与杜甫同游的苏源明也到了长安，担任国子监司业。他时常与杜甫郑虔相约，把酒论文，相谈甚欢。杜甫与这二人交情颇深，十几年后两人先后亡故，杜甫很是悲伤，作诗祭奠。他说："故旧谁怜我，平生郑与苏。"

　　初到长安的时候，杜甫没有固定居所，常在客舍落脚。大约在天宝十载（751）后，他定居在曲江南、少陵北、下杜城东、杜陵西一带。此后，他自称少陵野老、杜陵野客、杜陵布衣。有了固定居所之后，杜甫将妻子接到了长安。

长子宗文应该是在这之前就已经出生了，二儿子宗武大约出生于天宝十二载。后来在奉先饿死的小儿子，现在还没有出生。杜甫在《北征》诗中写道："床前两小女，补绽才过膝。"可见他还有两个女儿，只是对她们的名字和生平，史书并无记载。

有妻子陪伴，少了些孤独。但同时，杜甫的负担比独自漂泊时也重了许多。那几年风雨不调，长安城时常闹饥荒，很多人家为解燃眉之急，不得不将御寒的棉被拿去换米。杜甫的情况也很窘迫，不得已，秋雨之后，他只好将妻子送往奉先（陕西蒲城）。那时，奉先县令姓杨，大概是杜甫妻子的同族。

尽管世道艰难，杜甫还在为自己的愿望努力，他依旧想在长安做出一番事业。但实际上，在政治昏暗的天宝后期，像他这样的文人，即使有千般豪情万般壮志，也难有出头之日。只是，他那颗济世辅君的心，始终在热诚地跳动着。

天宝十二载（753），杨国忠将曾经帮过自己的鲜于仲通召入京城，让他当了京兆尹。杜甫写有《奉赠鲜于京兆二十韵》，大概是希望通过鲜于仲通给自己带来一纸任命书，可惜依旧没有等来什么结果。

天宝十三载（754），杜甫再次献赋，题为《封西岳赋》，建议皇帝再到太华山进行祭祀封禅。在这篇赋文中，杜甫对杨国忠颇有奉承的意思。以杜甫刚正傲岸的性情，他肯定是不愿意向杨国忠这样的人低头的，但是生活所迫，也只能这样做。

为了生存，有时候我们不得不与真实的自己暂时告别。

　　最重要的是，在对生活做出让步之后，仍能找回曾经的自己。

　　这篇《封西岳赋》，杜甫是希望通过献纳使田澄呈送到皇帝面前的。为此，他还写了首《赠献纳使起居田舍人》，其中写道："献纳司存雨露边，地分清切任才贤。"但是，这篇赋是否真的送到了皇帝面前，并没有人知道。

　　转眼已是天宝十三载（754）深秋。鲜于仲通离开了长安，他并没有给杜甫的仕途带来丝毫好处，想来是投给他的那首诗又没了回音。高适在武威节度使哥舒翰幕中任职，岑参在安西节度使封常清幕中任职，都已不在长安。此时的杜甫，也有些效仿高岑二人的想法，既然在长安这么多年都还是原样，那到地方上也许会有一番作为。

　　因此，在哥舒翰的信使由长安返回武威时，他曾写诗赠别，并委托信使转交给哥舒翰一首诗，题为《投赠哥舒开府翰二十韵》。可以说，这算是杜甫想要成为哥舒翰幕僚的申请书。但杜甫的运气着实是差，等来等去，也不见那边来封信，最后又是不了了之。

　　在长安这么多年，杜甫经历过无数次这样的"不了了之"，心灰意冷之际，他决定这一年冬天到奉先去住住，换换心情，妻儿们也都在那里等着他。

　　他是个诗人，但也是个丈夫和父亲。他的笔下，有丘壑林泉，有风雅快味，有世事沧桑。但真实的生活，无可推卸的生计难题，让他身影憔悴。人们说，风花雪月，敌不过柴米油盐。的确如此。即使杜甫有旷世的才情，也终要在琐碎的日子里活着。

　　天宝十四载（755）初春，杜甫还是回到了长安。他写诗给韦见素，希望得到他的援助。可惜，韦见素虽然也是宰相，地位仅次于杨国忠，却生性懦弱，唯杨国忠马首是瞻。尽管同情杜甫的遭遇，却并没有伸出援手。

暮春时节，杜甫为去世已久的淑妃、驸马郑潜耀的岳母写了篇碑文。郑潜耀大概是郑虔的同族堂兄，这次撰写碑文，想必是郑虔推荐的。幸好，这次写碑文的报酬还算丰厚，让他暂时摆脱了窘迫的生活。

秋天，杜甫再次献赋。他写了两篇赋，分别为《雕赋》和《进雕赋表》。在《进雕赋表》中，杜甫暗示皇帝，不要再去搞那些烦琐的程序了，直接给我个官做吧，笔调大胆，可以看出杜甫心里也真是着急了。只是像这样的文章，也很难送到皇帝的面前。

不过呢，这年十月，杜甫还真的等来一个官做，那就是河西县尉。令人哭笑不得的是，这是一个从九品的职位，也是唐代品级最低的官职。唐代的官职以品级来论，品级中又分正品、从品，然后又分上下等，比方说八品，就有正八品上、正八品下、从八品上、从八品下。对于志向远大的杜甫来说，这个职位可以说是"食之无味，弃之可惜"。

而且，这个官职，不仅品级低微，还必须逢迎长官，惩罚当地那些逃避服役和拖欠赋税的百姓。高适在封丘担任县令时，曾写诗表达无奈："只言小邑无所为，公门百事皆有期。拜迎长官心欲碎，鞭挞黎庶令人悲。"对杜甫来说，要他整天去拿鞭子惩罚老百姓，着实是无法接受的。因此，杜甫拒绝了这个职位。

如果是李白，恐怕早就已经拂袖而去了。

但杜甫没有。他现在不只是一个人，更是全家人的依靠，他只能继续在这里，等待新的任命。虽然河西县尉只是九品官，但也说明，他有官可做了，这也是一个好的开始啊。在那个时候，也许等待中的杜甫就是这样安慰自己的。

放浪人间，潇洒飘逸，终究只属于少数人。负重前行的人们，有几人能来去如风，有几人能于荒凉浮世，活得轻描淡写？李白被称为诗仙，天生的仙风道骨。而杜甫，注定要脚踏实地，在冷落萧条的人世，历尽沧桑，活出泰然自若，活出深邃高远。

不久后，杜甫又接到了任命，是右卫率府兵曹参军，任务是看守兵甲器杖、管理门禁钥匙等，从八品下。为了一家人的生计，杜甫接受了任命，他写了首《官定后戏赠》，颇有自嘲的意味：

不作河西尉，凄凉为折腰。老夫怕趋走，率府且逍遥。

耽酒须微禄，狂歌托圣朝，故山归兴尽，回首向风飙。

陶渊明说："吾不能为五斗米折腰，拳拳事乡里小人邪！"
真正的诗人大都如此。傲岸不屈，是属于他们的风骨。

但是现在，杜甫虽拒绝去做河西县尉，却不得不接受右卫率府兵曹参军这个聊胜于无的职位。他也曾狂放不羁，但是多年以后，他只能收起狂放，与生活握手言和。值得庆幸的是，这个职位算是个京官，虽然俸禄低微，但起码有酒喝。

在喧闹浮华的世界，他仍是个人微言轻的诗人。

但就是这个诗人，正在以消瘦身影，丈量红尘悲苦。

十年，恍然如梦。长安岁月，一纸凉薄。

乱世流亡

流浪，是生命的主题。

世间的每个人，都不过是天涯过客。

从流浪到流浪，从漂泊到漂泊，这几乎就是杜甫的人生。令人欣慰的是，他在那些漂沦憔悴的岁月里，日渐成熟练达，日渐丰盛沉着。经过的夜雨凄迷，遇见的苍生疾苦，他都赋予深情，落笔成诗，无限饱满。

接受了右卫率府兵曹参军的任命后，杜甫暂时离开长安，前往奉先探望家人。在这年的冬天，杜甫一路所见到的，除了人间萧瑟，还有百姓流离。被统治集团盘剥欺凌下的大唐百姓，早已苦不堪言；而大唐天子，还在华清池中，沉迷声色与美酒，乐不可支。

尽管满眼凄惨，想着即将与家人团聚，杜甫还是有几分欣喜。

然而，等待他的，竟是未满周岁的幼子不幸饿死的噩耗。

一时之间，杜甫心如刀绞，痛失幼子的悲痛与见证百姓悲惨生活的郁闷叠加，他将自己从长安到奉先的所见所感写成了一首题为《自京赴奉先县咏怀五百字》的长诗，算是对十年长安生活的总结，也是对民生疾苦的哀叹：

杜陵有布衣，老大意转拙。许身一何愚，窃比稷与契。

居然成濩落，白首甘契阔。盖棺事则已，此志常觊豁。

穷年忧黎元，叹息肠内热。取笑同学翁，浩歌弥激烈。

非无江海志，萧洒送日月。生逢尧舜君，不忍便永诀。

……

臣如忽至理，君岂弃此物。多士盈朝廷，仁者宜战栗。

况闻内金盘，尽在卫霍室。中堂舞神仙，烟雾散玉质。

煖客貂鼠裘，悲管逐清瑟。劝客驼蹄羹，霜橙压香橘。

朱门酒肉臭，路有冻死骨。荣枯咫尺异，惆怅难再述。

这首诗里，有曾经辉煌的王朝渐渐没落后的动荡不安，有黎民百姓无处逃避的苦楚流离，有大厦将倾前天子和权贵们的醉生梦死。当然，还有他自己，这个在盛世成长起来的文人，在昏暗现实面前的愤懑与无奈。

杜甫，就像个冷眼旁观的观众。

他站在高处，冷冷地揭示了整个社会的不合理和不公正。

只是，写这首诗的时候，杜甫还不知道，兵连祸结的岁月已悄然来临。

天宝十四载（755）十一月初九，安史之乱爆发。

身兼范阳、平卢、河东三镇节度使的安禄山，发动属下将士，连同罗、奚、契丹、室韦等少数民族士兵共十五万人，号称二十万人，以忧国之危、奉诏讨伐杨国忠为借口，在范阳起兵。大军所到之处，烟尘千里，群臣震惊。甚至，当安禄山造反的消息传入尚在华清宫享乐的皇帝耳中时，玄宗还不相信，直到十五日，叛乱的消息不断传来，皇帝才不得不信。

安禄山本姓康，小名轧荦（zhá luò）山，出生西域康国，父亲早逝，母亲阿史那氏后来改嫁右羽林大将军安波注的哥哥安延偃，从此改为安姓。长大成人后的安禄山，通晓六国语言，狡黠奸诈，凶狠毒辣，善于揣测人意。

开元二十年（732），张守珪（guī）担任幽州节度使，将安禄山招至麾下，因为安禄山的骁勇，又将其收为义子。开元二十八年（740），安禄山担任平卢兵马使。因为善于钻营，朝廷又授予了他营州都督、平卢军使的官衔。他用厚礼贿赂往来的官员，要求在朝廷为他多说好话。又因李林甫在玄宗面前对他赞赏有加，玄宗对他很是信任。

天宝元年（742），唐玄宗在平卢设置节度，安禄山为节度使，代理御史中丞，不仅是地方的军政长官，还可以入朝上奏议事。后来安禄山请求当了杨贵妃的养子，玄宗更加宠信和倚赖他。天宝三载（744），安禄山兼范阳节度使；天宝九载（750），兼河北采访处置使；天宝十载（751）兼河东节度使，成为全国拥军最多的节度使。

那时候，安禄山掌管三大军区，统辖华北、东北大部，拥有的兵力占大唐十大节度使总兵力的百分之四十左右。安禄山的子嗣也受到了重用，长子安庆宗任太仆卿，幼子安庆绪任鸿胪卿，安庆宗还娶了皇太子的女儿为妻。

尽管受到皇家如此厚遇，安禄山却并没有把心思放在保境安民上。他不仅好大喜功，故意向契丹等民族挑起战争，以获取军功好向朝廷邀宠，而且，明修栈道，暗度陈仓，在自己的控制范围内不断扩充兵力，伺机叛乱，图谋大唐江山。

天宝十三载（754）初，杨国忠与安禄山渐渐势如水火。杨国忠在玄宗面前称，安禄山有谋反的迹象。玄宗听从他的建议，召安禄山进京试探。安禄山奉诏入京，显得非常恭敬忠诚，玄宗也就不再有疑心。

不久后，玄宗又任命安禄山为知四十八马苑监总事。安禄山选取数以千计的良马拨归到自己的军队。此外，玄宗还签署了空白委任状：安禄山有权自行委任五百名将军和两千名中郎将。假如有人告密说安禄山有谋反的心思，玄宗便会逮捕告密的人，并且交给安禄山惩处。可以说，玄宗对安禄山的信任，已到了无以复加的地步。

在一场盛世的华梦中，他变得逐渐贪图享乐，面对他人的劝告，也只愿像鸵鸟一样将头埋进温柔乡，继续做着美梦。

但是，梦境终有醒的时候，那是边境传来的马蹄声。

河山万里，盛世春秋，终于走向了风雨飘摇。

叛军一路南下，势如破竹，所过州县大都望风瓦解。十二月初三，叛军渡过黄河，接连攻克灵昌、陈留、荥阳等郡县。唐玄宗任命安西节度使封常清兼任范阳、平卢节度使，防守洛阳，接着任命他的第六子荣王李琬（wǎn）为元帅、高仙芝为副元帅东征。

十二月十三日，洛阳失陷。退守潼关的安西节度使封常清、高仙芝判断局势，坚守潼关不出。唐玄宗竟然听了监军宦官的诬告，以"失律丧师"的罪名处斩了封常清和高仙芝。天宝十五载（756）正月初一，安禄山在洛阳称大燕皇帝，改元圣武。

安史之乱，从755年安禄山在范阳起兵，到763年史朝义在河北滦（luán）县被吊死，前后持续了八年。对于大唐王朝来说，这无疑是一场浩劫。安史之乱后，唐朝全国的人口从五千多万降到了一千七百多万，经济和文化方面遭到了不可估量的破坏。

此后，大唐的诗人们虽然仍在写诗，但总是带着些悲凉。

那些年，杜甫随着流亡的百姓，四处飘荡，颠沛流离。黎民所见之惨象，他都见过；黎民所历之苦难，他都历过。流浪的岁月和熬煎的历程，在他丰盈的内心里深沉酝酿，最终凝练成了他的诗歌。

天宝十五载初夏，杜甫带着全家老小，从奉先到了白水，寄居在舅父崔顼（xū）家中。不久后，镇守潼关的哥舒翰大败，潼关失守，附近各地的守城将士都弃城而去。白水沦陷，杜甫不得不开始流亡。

此番逃难极是狼狈，杜甫险些丧命。他的马被逃难的人抢走了，由于过度疲劳，他不小心掉进了一个乱草坑里，很久都没法脱身。幸好同行的表侄（杜甫曾祖姑的玄孙）王砅（lì）将他救出，又将自己的马匹给了他，然后一手牵着缰绳，一手拿着大刀，保护着他赶了十多里路，这才脱离险境，他得以与家人会合。十余年后，杜甫在潭州与王砅重逢，回忆起这件事，仍是感慨万分。他说："苟活到今日，寸心铭佩牢。"

之后，杜甫带着一家人经过彭衙古城，逃亡时又遇上阴雨连绵的天气，可以说是步履维艰，饥肠辘辘的时候，只能摘些野果来充饥。让杜甫欣慰的是，彭衙县的县尉孙宰给了他们暂住的地方。孙宰将杜甫全家接到家里，烧了洗脚的热水，准备了丰富的晚餐，还将睡熟的孩子叫起来吃饭。

这份温情杜甫始终感念于心。

次年，他写了首《彭衙行》，回忆了那日所受的恩遇。

故人有孙宰，高义薄曾云。延客已曛黑，张灯启重门。
煖汤濯我足，剪纸招我魂。从此出妻孥，相视涕阑干。
众雏烂熳睡，唤起沾盘餐。誓将与夫子，永结为弟昆。
遂空所坐堂，安居奉我欢。谁肯艰难际，豁达露心肝。
别来岁月周，胡羯仍构患。何当有翅翎，飞去堕尔前。

乱世光年，这是无可比拟的温暖。

这世上，锦上添花常见，雪中送炭太少。

杜甫待人赤诚温热。可惜，飘零的荒年乱世，这样的际遇并不常见。

活着，就该有颗光明之心，照亮自己，温暖别人。

国破山河在

曾经繁花似锦的开元盛世，现在已经面目全非。安禄山攻城的战报不断传来，潼关失守后，长安城岌岌可危，朝中的大臣也陷入了恐慌中，一派坚持死守长安，代表人物是监察御史、跟随哥舒翰守潼关的大诗人高适，一派劝皇帝放弃长安，逃到蜀地，代表人物是当朝宰相杨国忠。权衡利弊之下，皇帝最终选择了放弃长安，在六月十二日的晚上仓皇出逃。

玄宗并没有把这次逃亡的计划告诉给朝中大臣，就在六月十二日的白天，他还说自己要御驾亲征，以此来麻痹长安城的百姓和官员，实际早已在安排逃往蜀地的计划。到了晚上，他便带着贵妃姐妹、皇子、皇孙、公主、妃子、近侍以及杨国忠、韦见素、魏方进、陈玄礼出了延秋门，逃往蜀中。虽然军情危急，但是长安城的百姓和官员没有想到皇帝会跑得这么快，很多不知情的大臣还是第二天去上朝时才知道皇帝已经不在长安了。

皇帝一走，长安就成了一座弃城，城中的人们陷入到极度的恐慌与混乱中，王公贵族带上行李四处逃窜，百姓则纷纷冲入这些王侯的家中盗取金银财宝，烧杀抢掠之声不绝于耳。玄宗离开后不久，安禄山的叛军就占领了长安。宫城内院，市井人家，都被洗劫一空。曾经繁华的国都，已经沦为了一座地狱。

玄宗带着众人来到了马嵬驿，此时的他，已经没了大唐天子的威仪，一路疲惫，就连吃饭也成了问题，将士们又累又饿，心中充满了怨恨。陈玄礼认为是杨国忠作乱才导致安禄山谋反，官军纷纷响应。杨国忠骑马逃到西门，被众人杀死。他的儿子户部侍郎杨暄（xuān）、韩国夫人、秦国夫人和魏方进也一并被杀死。杨国忠的妻子裴柔以及儿子杨晞、虢国夫人及其子裴徽在陈仓被县令薛景仙杀死。

之后，陈玄礼、高力士等人都劝玄宗，为了安定军心，应该斩杀杨贵妃。玄宗虽然不舍得，却也只好命令高力士在佛堂缢死杨贵妃。这绝世的红颜，最终没逃出薄命的结局。

倾城往事，风流过往，刹那间便已随风而逝。

马嵬坡的泥土，埋葬了所有炙手可热的从前。此后，君王定还记得那倾世的容颜，而七月七日，长生殿夜半私语时的誓言，再没有提起。不久后，众人再次起程。离开马嵬驿，玄宗入蜀，太子李亨及其子李俶（tán）、李俶（chù）则北上灵武。天宝十五载（756）七月十三日，李亨在灵武朔方诸将的推崇下登基，遥奉玄宗为太上皇，改元至德，是为唐肃宗。

郭子仪被封为兵部尚书、同中书门下平章事，仍兼充朔方节度使；李光弼被封为户部尚书、同中书门下平章事，二人奉诏讨伐叛军。次年郭子仪上表推荐李光弼担任河东节度使，联合李光弼分兵进军河北，会师常山（今河北正定），击败史思明，收复河北一带。

就在新帝即位后不久，玄宗还下诏，以李亨为天下兵马元帅，担任朔方、河东、河北、平卢节度使，又任命其他儿子担任各地节度使。之后，太子登基的消息传来，玄宗无可奈何，只得派韦见素、房琯（guǎn）等人带着传位橄文到灵武传位。

听闻肃宗即位，杜甫起程前往灵武。在彭衙县尉孙宰家寄住的时候，他将家人安置在鄜（fū）州城北的羌村，就已经有了去长安投奔玄宗的打算。但后来听闻皇帝已经离开长安，加上新帝已经在灵武即位，玄宗退位为太上皇，因此只好北上延州（今陕西延安），计划从横山县附近的芦子关走，前往灵武投奔新帝。

没想到，出发不久，鄜州等地陷入混乱，杜甫被叛军所擒，押送到了长安。同时被俘的王维，虽百般不情愿，最终还是受不了折辱，被迫担任了伪朝的官员。战乱平息后，王维被抓进监狱，受到审讯。按理来说，王维投效叛军，论罪当斩，但因他被俘时曾写下"万户伤心生野烟，百僚何日更朝天"这样的诗，体现了对唐朝的忠心，加上弟弟刑部侍郎王缙平叛有功，并愿意削去自身官职为兄赎罪，王维这才被宽恕。

而杜甫，大概是因为没有名气，地位低微，既没有遭受太多折辱，也没有被送到洛阳逼迫投降，甚至也没有被严加看管。到后来，至少在长安，杜甫是相对自由的。不过，与个人安危相比，杜甫更在意的，是长安百姓的苦难，是天下黎民的无枝可依。

孟冬十郡良家子，血作陈陶泽中水。
野旷天清无战声，四万义军同日死。
群胡归来血洗箭，仍唱夷歌饮都市。
都人回面向北啼，日夜更望官军至。

像长安城中的无数人一样，杜甫也希望官军早日收复京城。至德元年十月，肃宗派房琯率兵收复两京，结果却是四万人血染陈陶。心痛之余，杜甫写了这首《悲陈陶》。

现在，杜甫在长安度日如年。繁华梦碎，世事荒芜。

从前在这里，虽然落魄，至少无所拘束。

而现在，他是受困于此，难得真正的自由。

不经意间，他会回忆从前，忆起那些清贫却明朗的日子。那时候，常有两三知己，诗不曾凄切，酒不曾冰冷。而此时，郑虔、储光羲等人被掳到了洛阳，难有往日诗酒流连的情景。烽烟弥漫下的长安，有人在狂欢，有人在哀伤。

夜月之下，杜甫想念妻儿。乱世相隔，有如天涯。

只有诗，可以安放寂寞，也可以寄存思念。

今夜鄜州月，闺中只独看。遥怜小儿女，未解忆长安。

香雾云鬟湿，清辉玉臂寒。何时倚虚幌，双照泪痕干。

难得，沉郁的杜甫，也有这样儿女情长的时候。

想必，妻子杨氏，也是温婉端丽、秀外慧中的女子。

在杜甫的诗中，看不到他们柔情款款的样子。但他们在这人世间，以相濡以沫和平淡如水，书写了一段寻常却又难得的幸福。所谓幸福，不是缠绵缱绻，不是天长地久，而是寻常的日子里，相依相伴，从青丝到白发。

这首诗，看似写离情别绪，实际上抒发的不只是普通的离愁。字里行间，表现出时代的特征，离乱的痛楚和内心的忧虑融合在一起，对月惆怅，忧叹愁思，而希望则寄托于不知何时的未来。杜甫身为诗人，免不了寻常的苦楚和悲伤。但他更多的，还是为江山社稷、天下苍生，祈祷着，悲伤着。

转眼间，他已在长安受困半年。春天，走过郊野，满目疮痍。于是有了那首《春望》。

国破山河在，城春草木深。感时花溅泪，恨别鸟惊心。

烽火连三月，家书抵万金。白头搔更短，浑欲不胜簪。

那些日子，杜甫在长安既困顿又悲凉，他将所有情绪都放在了诗里，写了多首感怀诗篇，诸如《得舍弟消息》《塞芦子》《悲青坂》《对雪》《元日寄韦氏妹》《遣兴》等。

不过，他也曾有过患难的朋友，譬如当时大云寺的住持赞公。这位高僧曾多次接济杜甫，还时常将他约到寺里，下棋清谈，共吃斋饭。杜甫在《大云寺赞公房》中写道："梵放时出寺，钟残仍殷床。明朝在沃野，苦见尘沙黄。"

春江水暖的日子，杜甫走到了曲江。

江边莺飞草长，杨柳依依，人间却是一片萧条。

繁华凋谢后，处处皆是尘埃。杜甫写了首《哀江头》。

哀叹尽在其中。像是写给曲江的挽歌。

少陵野老吞声哭，春日潜行曲江曲。

江头宫殿锁千门，细柳新蒲为谁绿？

忆昔霓旌下南苑，苑中万物生颜色。

昭阳殿里第一人，同辇随君侍君侧。

辇前才人带弓箭，白马嚼啮黄金勒。

翻身向天仰射云，一笑正坠双飞翼。

明眸皓齿今何在？血污游魂归不得。

清渭东流剑阁深，去住彼此无消息。

人生有情泪沾臆，江水江花岂终极！

黄昏胡骑尘满城，欲往城南望城北。

至德二年（757）正月，安禄山被安庆绪、严庄、李猪儿合谋杀害。安庆绪自立为帝，命史思明回守范阳，留下蔡希德等人继续围攻太原。同年，长安被唐军收复，安庆绪从洛阳败逃，退到了邺（yè）城（今河北临漳县），其部将李归仁率领精锐及胡兵数万人，溃逃到了范阳史思明的部下。二月，肃宗从彭原南迁凤翔。

不久后，郑虔从洛阳逃回了长安。被俘之后，他曾被任命为水部郎中，但因为托辞有病所以没去就任。生逢乱世，故友重逢，两人都喜不自胜，免不了相与把盏，共话别后之事。只是，此时的临风对酒，没有了从前的闲散和悠然。杜甫写诗记录了他们共饮的情景：

不谓生戎马，何知共酒杯。燃脐郿坞败，握节汉臣回。

白发千茎雪，丹心一寸灰。别离经死地，披写忽登台。

重对秦箫发，俱过阮宅来。留连春夜舞，泪落强徘徊。

之后，他们再次分别。

杜甫始终想着投奔肃宗，冒着生命危险，从长安直奔凤翔。临行前，他在大云寺小住数日以避开叛军的耳目。僧人赞公曾送他青履和汗巾，并嘱咐他谨慎行事。然后，杜甫独自上路，在荒径山林走了许久，终于脱离了险境。

庆幸之余，他在诗中写道："生还今日事，间道暂时人。"

世道险恶，那样的年月，活着即是幸事。

历尽磨难，杜甫终于到了肃宗身边。

等待他的，却未必是柳暗花明。

白发悲花落

乱世之中，人如秋草。

历尽萧瑟飘零，不知何处落脚。

曾经醉意十足的诗人们，不得不清醒地面对世事。他们的命运也大相径庭。王维、郑虔等人被叛军所俘，最终仕途大受影响；岑参，安史之乱发生后，他便在至德元年东归勤王，后来担任右补阙，由于多次上奏章指责朝廷的当权小人，乾元二年（759）改任起居舍人。

高适，天宝十四载（755）末，拜左拾遗，后来转任监察御史，辅佐哥舒翰守潼关，次年潼关失守，高适随玄宗到成都，八月被提拔为谏议大夫，数月后永王李璘谋反，高适被任命为淮南节度使，讨伐永王。至德二年，平定永王叛乱后，又受命参与讨伐安史叛军，曾解救睢阳之围，可以说是步步高升，官运亨通。

杜甫最好的朋友李白，不幸卷入了政治的旋涡。永王李璘担任山南、江西、岭南、黔中四道节度使，在江陵建立使府，势力盛大。

至德二年正月，李白被招募进了永王的军营，并且写下组诗《永王东巡歌》抒发了建功报国的情怀。但他并不知道，永王想的并不是拯救大唐王朝，而是如何利用手中的势力招兵买马，割据一方。

后来，永王擅自引兵东巡被征剿，结果在金陵兵败被杀，李白受到牵连，被关进了浔阳的监狱。尽管通过御史中丞宋若思的多方周旋，李白被释放，但仍在乾元元年（758）秋天被判流放夜郎，直到次年春天遇到天下大赦，才终于被赦免。

而杜甫自己，经过长期漂泊，穿过了叛军的封锁，终于抵达了凤翔。到达凤翔的时候，他穿着残破的衣裳，脚上是一双粗陋的麻鞋，满身都是灰尘，可谓十分狼狈。尽管如此，见到肃宗后，他依旧无比欣喜，就像在无边的黑暗中行走，最终找到了那抹光明。

因为杜甫这份风尘仆仆的忠心，至德二年（757）夏，他被肃宗授予左拾遗的官职，故世称"杜拾遗"。左拾遗是个从八品上的官职，虽然品级不高，但有谏议的职责，可以直接对朝政大事提出自己的意见。对杜甫来说，这个任命是他人生的新起点。他想着，自己终于能在朝堂上大展身手了。

生活稳定下来后，杜甫马上想起了家人。在这样的乱世中，生死难料。对于妻子儿女，他无比挂念。

于是，到任不久，他写了首《述怀》，有思念，也有担忧。

去年潼关破，妻子隔绝久。今夏草木长，脱身得西走。
麻鞋见天子，衣袖露两肘。朝廷愍生还，亲故伤老丑。
涕泪授拾遗，流离主恩厚。柴门虽得去，未忍即开口。
寄书问三川，不知家在否。比闻同雁祸，杀戮到鸡狗。

山中漏茅屋，谁复依户牖。摧颓苍松根，地冷骨未朽。

几人全性命，尽室岂相偶。嵚岑猛虎场，郁结回我首。

自寄一封书，今已十月后。反畏消息来，寸心亦何有。

汉运初中兴，生平老耽酒。沉思欢会处，恐作穷独叟。

人各两处，音信杳然。

他不知道，此时家人身在何处，只好寄去家书，渴望收到来信，又害怕听到噩耗，带着几分忧心与孤独，杜甫走上了左拾遗的职位。

世事艰难，人生萧索，穿过风雨长夜，终于迎来了人生的转机，他心存感激，打定主意不负皇恩。然而，他的仕途并未从此扶摇而上，相反，刚开始就遭遇了挫折。

上任没多久，杜甫就卷入了一起政治纷争中，这件事对他后半生的生活有很大影响。肃宗在灵武即位，玄宗默认了这个事实，派房琯等人带着传位檄文前往灵武，以表示肃宗政权的合法性。房琯虽然曾经在陈陶打了败仗，但肃宗依旧让他当了宰相。

房琯这个人，性格狂放豪爽，诗人贾至，以及后来与杜甫有密切关联的严武都与他交情不浅。但同时，他又孤高自傲，以名士自居，和朝廷不少官员都相处不融洽。他喜欢听琴，有个琴师叫董庭兰。后来，有谣言说董庭兰贪赃枉法，房琯也受到了政敌的弹劾。肃宗听到这件事后十分生气，并开始冷落房琯。

从根本上来说，这是肃宗与玄宗之间的矛盾。房琯是玄宗的近臣，拥立肃宗即位的臣子们必然与他多有冲突。房琯打了败仗，却登上了相位，实际是肃宗给父亲留面子，在天下人面前做戏而已。如今，房琯被多人弹劾，肃宗便借着这个机会，将房琯贬为了太子少师。

杜甫与房琯交情深厚，对这个朋友极为了解。身为左拾遗的杜甫，自认为有进谏的职责，又认为弹劾房琯的那些人行事卑劣，于是便上疏肃宗援救房琯。在上疏中，他说："罪细，不宜免大臣。"意思是，因为一个琴师犯法，便罢免了房琯的宰相之位，未免小题大做。

杜甫的这番话，可以说是刚好撞在枪口上了。他只是为自己的朋友打抱不平，但没有想到，肃宗实际早就想贬房琯了，所谓一朝天子一朝臣，要是自己跟前老是有太上皇的人在晃悠，天天像被人监视一样，谁心里也不痛快。

所以，杜甫上疏后，肃宗十分愤怒，觉得他很不识相，并怀疑他也是太上皇的人，于是命令韦陟（zhì）、崔光远、颜真卿等人审讯杜甫。

好在这些人都还算正直，没有为了讨好肃宗而对杜甫落井下石。审讯后，韦陟说杜甫虽然言辞不当，但也是尽左拾遗的职责。结果，韦陟也差点被肃宗处罚。后来，多亏宰相张镐（gǎo）出面对肃宗说，如果惩办了杜甫，以后怕是没人再敢进谏了，杜甫才被宣告无罪。

杜甫这下算是知道了，什么叫作伴君如伴虎。

想当初，他千里迢迢，跋山涉水来到肃宗身边，肃宗对他也是赞赏有加，面目温和，现在却仿佛变了个脸，帝王的心思，当真是难以预测。

有人的地方，就有江湖。官场，则是一个永远都风波四起的江湖。

像杜甫和李白这样的直肠子，很难与官场相融。官场需要的，也从来都不是天真与澄澈。

而杜甫，偏偏就是这样的。他似乎并不知道，身在官场，如何明哲保身，如何韬光养晦。得到了肃宗的宽宥后，他又上疏谢罪，除了盛赞天子宽宏大量外，仍不忘再次为房琯辩护。他说房琯年少时便是饱读诗书的儒生，有未来当大臣的样子，当时的人都说凭借房琯的才华，足以当上宰相这一类的高官，陛下果然也让他当了宰相。

肃宗看着杜甫的奏章，表面虽然没有说什么，但心里肯定是不高兴的，自然而然地，之后也没有再重用杜甫。

不久后，岑参来到凤翔，经杜甫等人推荐，被任命为右补阙。这期间，杜甫和岑参同朝为官，闲暇时也互相喝酒唱和。岑参有首诗题为《寄左省杜拾遗》，就是唱和之作。

联步趋丹陛，分曹限紫微。

晓随天仗入，暮惹御香归。

白发悲花落，青云羡鸟飞。

圣朝无阙事，自觉谏书稀。

诗中所写，就是这些诗人当时的处境。一句"圣朝无阙事，自觉谏书稀"便说尽了人生的无奈与凄凉。左拾遗与右补阙，看似是天子近臣，实际却依旧没有得到重用。他们立志定国安民，本希望很快就能实现梦想，但现实却是年华渐老，壮志难酬。或许，当年在宫中担任翰林待诏的李白也是这样的心情吧。

杜甫虽然天性真纯，却也看出自房琯一事后皇帝对他的冷淡态度。八月时，杜甫收到家书，知道家人平安，心中很是欣慰。他在《得家书》中写道"凉风新过雁，秋雨欲生鱼。农事空山里，眷言终荷锄"，似乎有归隐田园的意思。于是，他向肃宗告假，请求回鄜州探亲。肃宗立即答应了。

临行时，门下省的给事中严武和中书省舍人贾至为杜甫饯行。杜甫留诗作别，题为《留别贾严二阁老两院补阙》。严武，字季鹰，华州华阴（今陕西华阴）人。《旧唐书》对他的评价是"神气隽爽，敏于闻见。幼有成人之风，读书不究精义，涉猎而已"，也就是说严武这个人看上去很有精神，并且为人聪敏，见闻广博，少年老成，读书的时候像陶渊明一样不求甚解，觉得看过便足够了。严武二十岁时便调补太原府参军事，后来被陇右节度使哥舒翰上奏推荐，充任判官。

安史之乱发生后，肃宗在灵武即位，严武就在近旁，随后他陪驾到凤翔，至德二年担任给事中，次年出任绵州刺史，后来又迁任东川节度使，不久后被调回京城，担任侍御史、京兆尹等官职。杜甫与严武性情相投，虽然相处没多久，但关系已经很好了。后来杜甫到了成都，严武也是多加照拂。

从凤翔到鄜州，有六百余里。幸好，走到邠（bīn）州时，李嗣业将军给了他一匹马，才免了他徒步奔波之苦。他在《徒步归行》中写道："青袍朝士最困者，白头拾遗徒步归。妻子山中哭向天，须公枥上追风骠。"短短四句诗，写尽了这一路上的辛酸。

风尘一路，杜甫终于抵达鄜州羌村。四十六岁的他，其实是带着落寞回去的。他已经明显感觉到，肃宗对他越来越冷淡。书生意气犹在，壮志仍是难酬。这个时期，杜甫的诗多有对尴尬处境的忧虑与愤慨。

原来，走入官场，身在朝廷，也未必能得见光明。就像当初的李白，最后还是选择了远离宫中的争斗，在白鹿青崖间遵从本心。

世事依旧惨淡，前途仍旧未卜。杜甫默然叹息。

窗前风月，依旧疏朗。人却是越来越憔悴。

何用浮荣绊此身

万千荣华，抵不上一夕温暖。

幸福，往往就是寻常的烟火日子。家人闲坐，灯火可亲，布衣陋巷，织布耕田，即使没有富贵荣华，也自有风雨不惊的美好。

至德二年（757）八月，一年的离散后，杜甫终于回到了羌村。他突然间的出现，让妻儿大吃一惊，几乎不敢相信。乱世之中，生死难测，两无消息，终于全家团聚，可以想象那是怎样感人的画面。不久后，杜甫写了三首《羌村》，他说："妻孥怪我在，惊定还拭泪。世乱遭飘荡，生还偶然遂。"

在一阵慌乱中，将泪水拭干后，他们终于相信，这个突然出现的男子，就是等待已久的那个人。

一场离别，足以让人恍如隔世，哪怕两两相对后，依旧觉得如在梦中。

尽管，杜甫在诗中说"晚岁迫偷生，还家少欢趣"，但是很显然，长久的漂泊后，终于能感受家的温暖，他觉得无比踏实。他说，"娇儿不离膝，畏我复却去"。这个年近五十的男人，有过栉风沐雨，有过山重水复，终于明白，人生如寄，简单平淡的温暖，才是最值得依归的。

杜甫突然归家，连邻居都觉得十分惊讶。如杜甫在诗中所写："邻人满墙头，感叹亦歔欷。"陕北的山村，很多围墙都是由石板堆砌而成，并不高，邻居可以隔着墙壁说话。次日，邻居带着酒来与杜甫叙旧。那样的画面，满是恬淡的生活气息。

数日后，杜甫写了首长诗，题为《北征》。这首诗可与两年前所写的《自京赴奉先县咏怀》相媲美，两者皆是杜甫的代表作，都写实地记述了他在旅途漂泊中的所见所感。

不同的是，在《北征》里，他还写到了自己对时局的态度。

至尊尚蒙尘，几日休练卒。仰观天色改，坐觉妖氛豁。
阴风西北来，惨淡随回纥。其王愿助顺，其俗善驰突。
送兵五千人，驱马一万匹。此辈少为贵，四方服勇决。
所用皆鹰腾，破敌过箭疾。圣心颇虚伫，时议气欲夺。
伊洛指掌收，西京不足拔。官军请深入，蓄锐伺俱发。
此举开青徐，旋瞻略恒碣。昊天积霜露，正气有肃杀。
祸转亡胡岁，势成擒胡月。胡命其能久，皇纲未宜绝。
忆昨狼狈初，事与古先别。奸臣竟菹醢，同恶随荡析。
不闻夏殷衰，中自诛褒妲。周汉获再兴，宣光果明哲。
桓桓陈将军，仗钺奋忠烈。微尔人尽非，于今国犹活。
凄凉大同殿，寂寞白兽闼。都人望翠华，佳气向金阙。
园陵固有神，扫洒数不缺。煌煌太宗业，树立甚宏达。

应该说，历经战乱流离，杜甫彻底完成了蜕变，于人生，于尘世，于兴衰成败，于浮沉聚散，都有了寻常人难以企及的认知。现在的他，已经是真正的现实主义诗人。

心中无限哀叹，笔下尽是悲歌。

下笔，即是沧桑悲喜。所以，他被称为诗圣。

不过，在这首诗里，最动人的还是描写全家团聚的那些文字。他说："经年至茅屋，妻子衣百结。恸哭松声回，悲泉共幽咽。"简陋的茅屋里，两人相拥而泣，哭声有如风动松林，悲伤亦如泉声呜咽。过往今来的辛酸，在一场哭声中尽情释放。

他说："平生所娇儿，颜色白胜雪。见爷背面啼，垢腻脚不袜。床前两小女，补绽才过膝。"显然，家里日子十分清苦。幼子面色苍白，已经是秋天，脚上却连袜子都没有；两个女儿穿的裤子也是打满了补丁，短得都遮不住膝盖。

他说："那无囊中帛，救汝寒凛栗。粉黛亦解包，衾裯稍罗列。瘦妻面复光，痴女头自栉。学母无不为，晓妆随手抹。移时施朱铅，狼藉画眉阔。"当官还没有多久，此时的杜甫仍旧清贫。尽管如此，他还是为妻子买了一些化妆之物。可见，质朴沉郁的杜老哥，懂得生活，也对他的妻子有着一片深情。

原本消瘦的妻子，化了妆，顿时便明艳了许多。而他们的小女儿，学着母亲的样子，胡乱地涂了脂粉，眉毛画得很宽。兴许，这时候，儿子们都围绕在杜甫身边，在听他讲离别后的故事。如此温馨的画面，在杜甫的生活中着实少见。油盐柴米，诗酒桑麻。原本，日子可以这样安恬。

但是，杜甫如果一直待在妻儿身边，生计又成了问题。没有别的收入来源，光靠几亩薄田也很难养活家人。之前杜甫心中虽偶尔会有辞官归隐的想法，但终究还是不愿就此放弃。因此，此次回家探亲也只是杜甫的暂时休憩，他还是那个盼着"致君尧舜上，再使风俗淳"的杜拾遗。

至德二年九月，长安和洛阳相继光复。肃宗于十月回到长安，万民欢庆。同时，远在蜀中的玄宗，此时的太上皇，也被肃宗接回了京城。十一月，杜甫带着家人从鄜州回到了长安，满怀喜悦。他仍怀着希望，以自己的才学，助大唐完成复兴。但没有想到，这样的心愿还是落空了。

曾被迫做了安禄山伪朝官员的王维，因弟弟王缙的营救，被赦免无罪，还担任了太子中允的官职；郑虔虽拒绝了安禄山水部郎中的任命，仍被贬为台州司户参军；岑参依旧是右补阙；贾至还是中书舍人；严武被任命为京兆少尹兼御史中丞。杜甫仍担任左拾遗。

那段日子还算平静，杜甫偶尔与岑参、严武等人把酒酬唱，但已无当年的心境。此时的他，更希望被皇帝重用，以实现平生的志向。然而，肃宗对他还是很冷淡。转眼已是春天，杜甫路过曲江，对景伤怀，笔下满是惆怅。

一片花飞减却春，风飘万点正愁人。

且看欲尽花经眼，莫厌伤多酒入唇。

江上小堂巢翡翠，花边高冢卧麒麟。

细推物理须行乐，何用浮荣绊此身。

朝回日日典春衣，每日江头尽醉归。

酒债寻常行处有，人生七十古来稀。

穿花蛱蝶深深见，点水蜻蜓款款飞。

传语风光共流转，暂时相赏莫相违。

安史之乱还没有平复，肃宗已开始肃清玄宗旧臣了。

回到长安后，肃宗与玄宗表面融洽，实则相互提防。

玄宗以太上皇的名义下诏，给肃宗加了个封号，叫"光天文武大圣孝感皇帝"。肃宗回敬他一个称谓——"太上至道圣皇天帝"。看似温情脉脉，实际在宦官李辅国的挑拨下，玄宗被迫从兴庆宫搬进了太极宫。从前他还可以与陈玄礼、玉真公主等人来往，闲时让梨园弟子给他跳舞解闷，也算是安享晚年。但搬进了太极宫后，一切便变了个模样。

高力士被流放，陈玄礼被勒令退休，玉真公主也住进了道观中，唐玄宗这个太上皇，实际已经相当于被软禁在深宫中，这个曾经一手开创了大唐盛世的皇帝，怎么也不会想到，自己的晚年将会如此凄凉地度过。

乾元元年（758）夏，房琯由金紫光禄大夫被贬为邠州刺史。他的政敌们，也就是肃宗的拥立者，给他罗列了数条罪状：比如率情自任，恃气恃权；比如言论过激，有失体统；比如肆意钻营，营私结党。

房琯的朋友们也广受牵连。结果，严武被贬为巴州刺史，杜甫被贬为华州司功参军，虽是八品官职，但管的都是些繁杂琐事。就连曾经帮过杜甫的僧人赞公，也被放逐到了秦州。对于杜甫来说，这无疑是沉重的打击。他有些沮丧，却也没有办法。

走过金光门，杜甫不禁愕然。一年前，他冒着生命危险穿越叛军的重重封锁去投奔肃宗，就是从这里离开长安的。而现在，他再次离开，却是以贬官的身份。这无疑是一件讽刺又悲凉的事情。

此道昔归顺，西郊胡正繁。至今犹破胆，应有未招魂。

近侍归京邑，移官岂至尊。无才日衰老，驻马望千门。

远远望去，那是一个凄凉苍老的背影，从此以后，杜甫再也没有来过长安。

离开的时候，他写了这首诗，题为《至德二载甫自京金光门出问道归凤翔乾元初从左拾遗移华州掾与亲故别因出此门有悲往事》。题目几乎与诗等长，心中的愤懑也是不言而喻。他的忠诚，他的报国之心，尽付流水。诗中虽然说得委婉，埋怨还是有的。

人生际遇，有如风雨阴晴，无力掌控，便只能随缘。重要的是，心无增减。

也好，远离京城，他可以靠近苍生，感受大地的冷暖。

千秋万岁名，寂寞身后事

杜甫离开了长安，是永远地离开。

那座城市，春花与秋月，繁华与寂寞，从此与他无关。

乾元元年（758）七月，杜甫来到了华州任所。华州即陕西省华阴县，是华山的所在地。司功参军虽然职位低微，但是事务繁多。杜甫要管理学校、庙宇、考试、典礼乃至办公设备等琐事。而且，他还必须为刺史写奏表书简，记录华州中所有官员的优劣、入职年限、请假缺席等情况。

显然，杜甫厌恶这些烦琐的事情，却又避不开。事实上，除了繁杂的事务，他还要忍受酷暑、蚊虫等恶劣的自然条件。他写了首《早秋苦热堆案相仍》，如实记录了当时艰苦的生活：

> 七月六日苦炎蒸，对食暂餐还不能。
> 常愁夜来皆是蝎，况乃秋后转多蝇。
> 束带发狂欲大叫，簿书何急来相仍。
> 南望青松架短壑，安得赤脚踏层冰。

夏末，酷暑尚未退去。白天蚊虫肆意飞舞，夜晚毒蝎悄然出没，他寝食难安。尽管如此，还要处理堆积如山的来往公文。有时候，他甚至想发狂大叫。沉稳如他，烦躁成这样，可见生活有多乏味。

远处，山野草树葳蕤（wēi ruí），别有一番天地。

偶尔，他会忍不住想，弃官而去，纵情山水。

他本想做宰辅之臣，指点江山，让天下苍生安稳喜乐，可即使到了皇帝面前，他的梦想依旧很遥远。即使不能如愿，当一个山林间的隐士也很好。但是他的背后，有全家老小殷切的眼神，为了家人，杜甫也只好在这样一个小职位上继续忍耐。

不过，虽然生活苦涩，杜甫依旧时刻关注时局的发展。他知道，叛乱仍未平复，百姓还在遭难。在华州，他写过几篇与时局有关的文章。一篇是《为华州郭使君进灭残寇形势图状》，劝皇帝尽早对安庆绪采取军事行动，并且建议朝廷军队集中攻击相州东、西两州。他日日渴盼着朝廷能够早日剿灭叛军，还天下以太平。

还有一篇是《乾元元年华州试进士策问五首》，所写的都是关于如何减轻人民负担、如何加快平复叛乱步伐等现实问题。这些问题，是向当年参加华州当地科举考试的学子们提出的。只是，杜甫既没有在科举考试中独领风骚，也没有在后来的仕途中大放异彩，加上这些学子对国计民生也并不是很关心。所以杜甫的建议不仅没被重视，甚至还遭到了这些人的嘲笑。

好在，此时的杜甫并不是孤身一人，他还有可以倾诉心中烦闷的朋友。

那年九月九日，杜甫到蓝田，在崔氏庄度过了重阳节，兴尽之余，写下了这首《九日蓝田崔氏庄》：

老去悲秋强自宽，兴来今日尽君欢。

羞将短发还吹帽，笑倩旁人为正冠。

蓝水远从千涧落，玉山高并两峰寒。

明年此会知谁健？醉把茱萸仔细看。

重阳佳节，与友人对酒畅聊，共赏高山流水的美景，的确是一桩美事。只是，此时的杜甫年华已老，欢乐之余，不由得想到，像这样的聚会明年还会有吗？但是谁也无法保证给他一个确切的答案，醉眼蒙眬中，只有把那茱萸再仔细看一遍，让时光走得再慢一些。

欧阳修词里说："聚散苦匆匆，此恨无穷，今年花胜去年红。可惜明年花更好，知与谁同。"许多情节，看似触手可及，一旦过去，想要重温，却是遥遥无期。我们再快，也快不过时光。

这个秋天，杜甫在华州怀念故友李白。那时候，李白正在流放途中。波云诡谲的年代里，生死只在一念之间。李白入了永王李璘的军队，永王擅自引兵东巡，却被征剿身亡。李白因此在浔阳下狱。虽然经宋若思等人营救出狱，最终还是因参加永王东巡而被判罪流放夜郎。神姿仙态的诗人，只身天涯，身影萧索。

李白交游甚广，或许只是偶尔想起杜甫。而杜甫，却是时时惦念着这位远方的老友。终其一生，李白始终如一面景，远隔天涯，杜甫也总在遥望。大概是思之甚切，梦里都是李白的身影。于是，他写了两首《梦李白》。

浮云终日行，游子久不至。三夜频梦君，情亲见君意。
告归常局促，苦道来不易。江湖多风波，舟楫恐失坠。
出门搔白首，若负平生志。冠盖满京华，斯人独憔悴。
孰云网恢恢，将老身反累。千秋万岁名，寂寞身后事。

纵有千载盛名，生前终是寥落。

无论是李白还是杜甫，都不曾逃开命运的拨弄。

沧海辽阔，他们只能以诗为舟，寂寞泅渡。

乾元元年冬，杜甫暂时离开华州，到洛阳、偃师探亲。途中，他与诗人孟云卿相遇。孟云卿字升之，山东平昌人。天宝年间赴长安应试，三十岁后考中进士。肃宗时担任校书郎。他的诗朴实无华，多写社会现实，颇受杜甫和元结推崇。

孟云卿与杜甫交情深厚。杜甫离开长安赴华州之前，曾与他夜饮话别，并以诗相赠，即《酬孟云卿》，诗中写道："但恐天河落，宁辞酒盏空。明朝牵世务，挥泪各西东。"此番相遇，把酒相欢之余，两人还同到孟云卿好友刘颢（hào）家中畅饮。杜甫又写了《冬末以事之东郊，城湖东遇孟云卿，复归刘颢宅宿，饮宴散因为醉歌》一诗，记下了此次相遇彼此悲喜交集的情景。

疾风吹尘暗河县，行子隔手不相见。

湖城城东一开眼，驻马偶识云卿面。

向非刘颢为地主，懒回鞭辔成高宴。

刘侯欢我携客来，置酒张灯促华馔。

且将款曲终今夕，休语艰难尚酣战。

照室红炉簇曙花，萦窗素月垂秋练。

天开地裂长安陌，寒尽春生洛阳殿。

岂知驱车复同轨，可惜刻漏随更箭。

人生会合不可常，庭树鸡鸣泪如霰。

那天，杜甫过得很是畅快，晚上置酒张灯，一边聊天，一边吃着精美的食物，炉子烧得通红，月华如练，不知不觉间已经快要天明。但是在这首诗的最后，杜甫又有了和在崔氏庄过重阳节时同样的感慨，人生聚散无常，这样的日子，不知能再有多少？

告别孟云卿后，杜甫再次上路。回到洛阳的时候，已是春天。眼前的故园，人迹罕至，荒草蔓延。武则天时期繁华的神都，如今只剩下满地荒芜，安禄山起兵后，将洛阳作为自己的都城，城中受到的冲击可想而知。

洛阳不仅面目全非，从前聚会的亲朋好友也各在天涯。杜甫感慨丛生，他在《得舍弟消息》中写道："旧犬知愁限，垂头傍我床。"堂弟死于战乱，他在《不归》中叹息："面上三年土，春风草又生。"

除此之外，那段时间杜甫还写了首《洗兵行》，其中有他对时局的认知，有无处不见的民生凋敝，有他对郭子仪、李光弼等人的盛赞，也有他对于尸位素餐之臣的讥嘲。

> 三年笛里关山月，万国兵前草木风。
> 成王功大心转小，郭相谋深古来少。
> 司徒清鉴悬明镜，尚书气与秋天杳。
> 二三豪俊为时出，整顿乾坤济时了。
> 东走无复忆鲈鱼，南飞觉有安巢鸟。
> 青春复随冠冕入，紫禁正耐烟花绕。
> 鹤架通宵凤辇备，鸡鸣问寝龙楼晓。
> 攀龙附凤势莫当，天下尽化为侯王。
> 汝等岂知蒙帝力，时来不得夸身强。
> 关中既留萧丞相，幕下复用张子房。
> 张公一生江海客，身长九尺须眉苍。
> 征起适遇风云会，扶颠始知筹策良。
> 青袍白马更何有，后汉今周喜再昌。

这首诗中，大部分都是对平定叛乱的赞美，同时对朝廷的弊政也提出了警告，因此有着鼓舞和警惕的双重作用。这首诗对偶工整自然，典故精当准确，声调回转洪亮，词句曲折壮丽。王安石在选杜诗时，将此诗标榜为杜集中的压卷之作。

他自然希望，洗净兵甲，再无战乱。

然而，眼前的世界，仍是风雨无休。

那颗慈悲之心，哀痛着，也苍老着。

第四卷

天涯零落

我们寄居在时光里。

有生之年，或冷或暖，或喜或悲，都逃不出去。

能做的只是，于夜雨中找寻灯火，于荒径间遇见芳草。

"三吏三别"

现在的洛阳城，兵荒马乱，人事皆非。

有人猜想，杜甫此次回洛阳，并不只是为了探亲，而是抱着向郭子仪献策的希望。当时安禄山虽然已死，其子安庆绪和手下的将领史思明依旧不肯归顺大唐，一些地区的百姓还是生活在战乱之中。

杜甫心存拯救苍生的念头，又对时局十分关切，从他写的《为华州郭使君进灭残寇形势图状》来看，他对于平叛安民有切实的想法。因此，说他想前去献策也不无可能。只是，以他司功参军的身份，即使有破敌的计策，也未必有进献的机会，更难以被采纳。

至德二年（757）十月，在陕郡之战后，安庆绪率领仅仅千余人从洛阳逃往邺城（今河北临漳县）。唐军趁机收复了洛阳城，并派军攻占了河内（今河南沁阳）等地，迫使安庆绪手下将领严庄归降；陈留（属开封）军民杀死安将尹子奇后也归顺了大唐；唐将张镐率兵收复河南、河东郡县。肃宗忙于迎接太上皇回到都城长安，因此没有及时派遣军队去追击安庆绪的残部。

安庆绪到邺城后重整旗鼓，十日之间，其将蔡希德从上党（今山西长治）、田承嗣从颍川（今河南许昌）、武令珣从南阳（今河南邓州），各率部下士兵到邺城会合，连同安庆绪在河北诸郡招募的新兵，一共大约有六万人。安庆绪对势头正盛的史思明有所忌惮，十二月派人到范阳（今北京）调兵。史思明却囚禁了安庆绪的使者，向唐廷献上归降书，愿将所领的十三郡及八万兵归降唐朝。

唐肃宗拿到归降书后，自然非常高兴。这些年来，安史之乱始终不能平息，他这个皇帝也不能睡个安稳觉，现在史思明主动归顺，可真是大喜事一件，于是连忙封史思明为归义王，兼范阳节度使。

史思明却是另一番想法，他这次不过是表面投降，实际依旧有反叛的心思，暗地里不断招兵买马，最终引起了肃宗的警觉。朝廷也不是吃素的，眼看着自己被史思明摆了一道，便打算彻底消灭他，以绝后患，不料计划外泄，史思明复叛，与安庆绪遥相声援。

乾元元年（758）九月，唐肃宗命郭子仪、鲁炅（jiǒng）、李奂、许叔冀、李嗣业、季广琛（chēn）、崔光远等七位节度使及平卢兵马使董秦一共率领步骑约二十万北进主攻安庆绪，又命李光弼、王思礼两名节度使率领他们的部下助攻，以宦官鱼朝恩为观军容宣慰处置使，监督各军的行动。

十月，郭子仪、崔光远等部先后北渡黄河，和李嗣业合军攻打卫州（今河南卫辉），安排弓箭手设下埋伏，大败安庆绪，并且攻克了卫州，诛杀了叛将安庆和，之后又趁势追击，在邺城西南愁思冈击败安军，先后共斩三万余人。安庆绪退回邺城，被唐军包围，急忙派人向史思明求援，并且以让位作为许诺。

史思明对首领之位早就虎视眈眈，有这样的机会又怎会错过，因此率兵十三万从范阳南下救邺城，先派一万步骑进驻滏（fǔ）阳（今河北磁县），遥为声援。十二月，史思明击败崔光远夺占魏州（今河北大名县）后，按兵不动，暂时观望。乾元二年正月，李光弼建议分兵逼近魏州，各个击破史军。

二月，唐军围攻邺城，久攻不下。史思明率部向唐军逼近，并截断唐军的粮草运输。三月初六，号称六十万的唐军，在安阳河的北面布阵。史思明亲领五万精兵和唐军李光弼等部展开激战，双方伤亡甚重。郭子仪率军赶来，还没来得及列阵，却忽然刮起了一阵狂风，顿时天昏地暗，连人影都看不清，两军都十分惊讶，只好纷纷后退。

唐军这一退，实际也就宣告了此次平叛的失败。郭子仪部退保河阳桥，其余各节度使兵退归本镇。因为受到宦官鱼朝恩的诋毁，郭子仪被召回长安，解除兵权，成了一个闲官。不久后，安庆绪被杀，史思明接管了他的部队，兵返范阳，改范阳为燕京，自称大燕皇帝。

战争的本质，就是以万千人的牺牲，满足少数人的欲望。

铁马金戈，流光昏暗，无数生命零落成尘。

只是，无论当时怎样飞扬跋扈，纵横四海，最终都还是会变成那句"古今多少事，都付笑谈中"。

乾元二年（759）初夏时节，杜甫孤独地离开了洛阳。战乱之中，少有人注意到他的身影。而他却清楚地看到，万千黎民在战乱中流浪，死生难测。灾难和屈辱，让整个大地在喧嚷中沉默。

在返回华州的途中，带着无比的愤慨与悲悯，杜甫写了《新安吏》《石壕吏》《潼关吏》《新婚别》《无家别》《垂老别》，也就是著名的"三吏"和"三别"。

这些诗深刻地写出了民间疾苦以及诗人自己在乱世中身世飘荡的孤独，揭示了战争给人民带来的巨大不幸和困苦，表达了杜甫对备受战祸摧残的老百姓的同情。可以说，"三吏三别"是杜甫史诗创作的高峰。

　　客行新安道，喧呼闻点兵。借问新安吏，县小更无丁？
　　府帖昨夜下，次选中男行。中男绝短小，何以守王城？
　　肥男有母送，瘦男独伶俜。白水暮东流，青山犹哭声。
　　莫自使眼枯，收汝泪纵横。眼枯即见骨，天地终无情！
　　我军取相州，日夕望其平。岂意贼难料，归军星散营。
　　就粮近故垒，练卒依旧京。掘壕不到水，牧马役亦轻。
　　况乃王师顺，抚养甚分明。送行勿泣血，仆射如父兄。

　　王翰在《凉州词》里写道："醉卧沙场君莫笑，古来征战几人回。"战争里，生死往往就在一瞬间。为了满足战场需要，朝廷只能四处征兵。于是，还没有成年的孩子，白发苍苍的老人，都可能被征入军中，卷入战争的洪流。甚至，如《石壕吏》所写，为了应付征兵，哪怕是年老的妇人也不得不凄然前往。那日清晨，杜甫与老翁作别，心里想必是无比哀痛的。

　　他说："眼枯即见骨，天地终无情。"显然，对于不合理的兵役制度和统治者的昏庸无能，杜甫非常不满，也给予了无情揭露。但在揭露的同时，又对朝廷有所维护。实际上，人民蒙受的惨痛，国家面临的灾难，都深深地刺激着他沉重而痛苦的心灵。

　　家国社稷，亿万苍生，他都不愿其遭受苦难。

　　菟丝附蓬麻，引蔓故不长。嫁女与征夫，不如弃路傍。

结发为妻子，席不暖君床。暮婚晨告别，无乃太匆忙！

君行虽不远，守边赴河阳。妾身未分明，何以拜姑嫜？

父母养我时，日夜令我藏。生女有所归，鸡狗亦得将。

君今生死地，沉痛迫中肠。誓欲随君去，形势反苍黄。

勿为新婚念，努力事戎行！妇人在军中，兵气恐不扬。

自嗟贫家女，久致罗襦裳。罗襦不复施，对君洗红妆。

仰视百鸟飞，大小必双翔。人事多错迕，与君永相望！

寂寞天宝后，园庐但蒿藜。我里百余家，世乱各东西。

存者无消息，死者为尘泥。贱子因阵败，归来寻旧蹊。

久行见空巷，日瘦气惨凄。但对狐与狸，竖毛怒我啼。

四邻何所有？一二老寡妻。宿鸟恋本枝，安辞且穷栖。

方春独荷锄，日暮还灌畦。县吏知我至，召令习鼓鞞。

虽从本州役，内顾无所携。近行止一身，远去终转迷。

家乡既荡尽，远近理亦齐。永痛长病母，五年委沟溪。

生我不得力，终身两酸嘶。人生无家别，何以为蒸黎！

  战争的背后，是无数生命无声凋零，无数家庭无端破碎。那样的岁月里，哪怕是粗茶淡饭的简单日子，都是奢望。事实上，一夕之间，所有的安稳与幸福，就会成为回忆。新婚宴尔的夫妇，伉俪情深的眷侣，许多温馨甜蜜的画面，都可能在突然之间被碾碎，再也无法拾取。

  对于大唐统治阶层的庸碌和昏暗，以及因此造成的黎民疾苦，杜甫无比痛恨，因为他心怀百姓。不过他深知，大唐王朝风雨飘摇，随时都有彻底倾覆的危险。这一点，许多老百姓也心里有数，因此人民虽然怨恨唐王朝，但终究咬紧牙关，含着眼泪，走上前线支持平叛战争。

杜甫虽揭露了统治集团不顾人民死活的一面，又旗帜鲜明地肯定平叛战争，甚至对应征者加以劝慰和鼓励。"白水暮东流，青山犹哭声"是对黎民的悲伤，也是对河山的悲伤。

他的"三吏三别"，以及后来的许多诗篇，是他对百姓的哀怜，也代表了当时知识分子对安史之乱中饱受苦难的苍生的人文关怀。对杜甫而言，这是他与生俱来的仁者情怀。

实际上，他自己也在漂泊，难有安身之所。

故事里，天涯瘦马，形单影只。

那是他，独自穿越世事沧桑的身影。

罢官亦由人，何事拘形役

文天祥说："山河破碎风飘絮，身世浮沉雨打萍。"

王国维说："人生只似风前絮，欢也零星，悲也零星。"

说起来，人生不过是一场漂泊。如浮云，或舒或卷，聚散随风；如野草，或荣或枯，悲喜自知。春风回荡，秋雨霖铃，山间明月，古道残阳，都经历了，有了积淀与领悟，这漂泊便有了意义。

杜甫，始终是飘零憔悴的形象。此时，他还在从洛阳回华州的路上。他不忍面对那个尘埃满目的世界，却也只能面对。为了百姓，他嘲讽谴责朝廷和碌碌无为的权贵们。同时，他又很希望，这些人能够以决心和睿智，平定叛军。即使无法让国家再恢复到盛世，至少也可以让百姓少受点苦。

路过奉先县时，杜甫访问了年少时的好友卫八处士，临别时写诗相赠：

人生不相见，动如参与商。今夕复何夕，共此灯烛光。

少壮能几时，鬓发各已苍。访旧半为鬼，惊呼热中肠。

焉知二十载，重上君子堂。昔别君未婚，男女忽成行。

怡然敬父执，问我来何方。问答未及已，驱儿罗酒浆。

夜雨剪春韭，新炊间黄粱。主称会面难，一举累十觞。

十觞亦不醉，感子故意长。明日隔山岳，世事两茫茫。

如他所说："人生不相见，动如参与商。"年少时，我们以为人生很长，学着狂欢，学着放纵。然而，仿佛只是刹那之间，青春不在，年华已老。说好不离不散的人们，早已不见踪影，莫说推杯换盏，就连音讯都遍寻不见。说起从前，只剩感慨。

李叔同在《送别》中写道："天之涯，地之角，知交半零落。人生难得是欢聚，惟有别离多。"离别是人生的常态，有时候，一场离别，便是一辈子的岁月。

杜甫回到华州后，日子依旧乏味。那年关内久旱不雨，造成了严重的饥荒。本就是乱世，又遭逢天灾，百姓的日子雪上加霜。杜甫有两首诗，题为《夏日叹》和《夏夜叹》，记录了此次旱情。

夏日出东北，陵天经中街。朱光彻厚地，郁蒸何由开。

上苍久无雷，无乃号令乖。雨降不濡物，良田起黄埃。

飞鸟苦热死，池鱼涸其泥。万人尚流冗，举目唯蒿莱。

至今大河北，化作虎与豺。浩荡想幽蓟，王师安在哉。

对食不能餐，我心殊未谐。眇然贞观初，难与数子偕。

永日不可暮，炎蒸毒我肠。安得万里风，飘飖吹我裳。

昊天出华月，茂林延疏光。仲夏苦夜短，开轩纳微凉。

虚明见纤毫，羽虫亦飞扬。物情无巨细，自适固其常。

念彼荷戈士，穷年守边疆。何由一洗濯，执热互相望。

竟夕击刁斗，喧声连万方。青紫虽被体，不如早还乡。

北城悲笳发，鹳鹤号且翔。况复烦促倦，激烈思时康。

举目望去，田园一片荒芜，百姓苦不堪言。

他忧心如焚，食不甘味，夜难安寝，却是无能为力。

贞观已远，开元已去。如今的朝廷，没有贤君，也没有良相。乱世之中，朝堂上的君臣不能给社稷黎民带去安定祥和。杜甫很难过，也很无奈。

他越来越厌恶司功参军这个职位。千辛万苦，终于入得朝廷，却被帝王疏远，在这个卑微的职位上忍受被别人使唤、整天处理琐事的苦楚，他的苦闷显而易见。要知道，他的心愿，是安定天下。

另外，此时的他对朝廷也有了更深更清晰的认识。继位数年的肃宗，并没有他想象中那样雄姿英发。而且，正好相反，在李辅国等人的怂恿下，在很长时间里，肃宗着力于防范和清除玄宗旧臣，以致朝廷党争激烈。房琯等人被贬，就是因为这样的内斗。在这样的朝廷里，杜甫看不到中兴的希望。

终于，杜甫选择了辞官。《新唐书》记载："关辅饥，辄弃官去。"

当然，他辞官而去，除了上面所说的失望和苦闷心情，还有一个很现实的原因，那就是现在的俸禄已经难以满足全家人的温饱。在朝为官，却无法让家人衣食无忧，这是他无法忍受的。

唐朝官员的收入，包括禄米、土地、俸料三部分。八品官每年得到的禄米为 60 石，相当于现在的 7000 多斤。唐代朝廷给官员的土地分为永业田和职分田两种，永业田指的是有勋爵有封号的人所得的土地，可以世代相传。职分田则只在当官时可以使用，辞官后即被收回。以杜甫的官职来说，每年土地所得，大约有 1800 斤粮食。至于俸料，也就是发铜钱，八品官每月为 2550 文，每年三万多文，以天宝年间每斤二十余文的粮食价格来算，每年俸料所得，能购买 1200 多斤粮食。

看起来，杜甫似乎收入不菲。然而，这只是盛世时的数字。安史之乱爆发后，官员收入与从前相比，可谓少得可怜。而杜甫入朝为官，正是这个时候。

安史之乱那些年，粮食价格飞涨，到后来一斗米售价几千甚至上万文钱。杜甫三万多文钱的俸禄，仅能换得几斗米而已。乱世之中，土地所得更是无从谈起。至于禄米 60 石，由于战火不断，饥荒频发，粮食严重短缺，自然就成了一纸空谈。杜甫家里，除了妻子，还有二子二女，以他微薄的俸禄，很难满足日常开销。

总之，杜甫的生活已经难以为继。加上政治上的失意，杜甫只能选择离开。

那年立秋次日，杜甫写了首《立秋后题》，决意辞官。

日月不相饶，节序昨夜隔。

玄蝉无停号，秋燕已如客。

平生独往愿，惆怅年半百。

罢官亦由人，何事拘形役。

"人间所事堪惆怅，莫向横塘问旧游。"这是纳兰容若的感叹。四十八岁的杜甫，也是同样的无奈。

曾经他以为，进入官场，走上仕途，即使不能青云直上，至少可以让妻子儿女过得安适。后来才明白，这只是他的一厢情愿。历尽艰辛，他终于得见天颜，结果却落得荒凉。辅君济世，治国平天下，都和他相距甚远。事实上，数年以后，就连生计问题，也依旧冰冷地横亘在那里。

从落魄到落魄，生活几乎没有改观。

不仅如此，他还得面对那个毫无生气的朝廷。

所以，他只能带着遗憾和愁闷离开。

在这首诗里，杜甫说"平生独往愿，惆怅年半百。罢官亦由人，何事拘形役"。意思是，天性喜欢自由，不愿受束缚之苦。就好像，身如闲云野鹤，想辞官便辞官。说得洒脱不羁，其实不过是自我解嘲。

杜甫生于盛唐，有当时诗人特有的豪迈。他喜欢坐卧云水，也喜欢流连诗酒。与知交好友同游陌上，他也可以率性风流。但他又有其独特的气质，比如老成内敛，比如忧郁沧桑。与许多诗人相比，他的思想更深沉也更宽阔。他有凌云之志，亦有济世之心。但是现在，他的仕途结束了。从兵曹参军到左拾遗，再到华州司功参军，他的官场回忆基本是惨淡无味的。

离开，或许是注定的结局。

既是向混浊的官场作别，也是向澄澈的自己回归。

他离开了华州，走入了外面的秋天。

远方在秋光中呈现，一片苍凉。

月是故乡明

两袖清风，杜甫辞官而去。

看似一身潇洒，其实十分不甘。

凌云之志，匡世之心，被时代的喧嚣湮灭了。

他只剩，一个高洁傲岸的自己，和一支描摹沧桑的笔。

乾元二年（759）初秋，杜甫辞去了华州司功参军的职务，带着一家人前往秦州（今甘肃天水），有些失落，有些凄凉。看起来，像是他抛弃了官场，其实是朝廷抛弃了他。他的才华与抱负，都被视若无睹，他也只能默然离去。而且，那年的旱情导致饥荒肆虐，此番离开，还有逃荒的意味。

与长安相比，秦州是个极小的城市。这里距离长安七百余里，地处偏僻，人口稀少。正因为偏僻，所以安史之乱中长安、洛阳等地物价飞涨、百姓四处流离时，这里的生活相对安定。以当时杜甫的处境，前往长安居住很不现实。

洛阳战乱未平，此时也回不去。安史之乱波及范围很广，北至范阳（今北京），南至湖北襄阳，东至绥阳（今河南商丘），西至长安。这个范围恰好大体上和如今的京广线、陇海线重合。这种情况下，杜甫若想前往南方，就必须沿着陇海线，经长安、洛阳、郑州、开封等地往南，其中有不少地方已经被叛军占据，带着家眷前行很不安全。而且，南方虽然富庶繁华，但许多藩镇、节度使都持观望态度，局势很不明朗。

因此，杜甫只能前往荒僻但是生存相对容易的地方安身立命。秦州这个地方，地处边陲（chuí），远离战乱，进可观望长安时局，退可继续向西迁移。当然，还有个重要原因，杜甫的堂侄杜佐当时在秦州，从前资助过他、后来被驱逐出长安的僧人赞公也在那里。

八月，结束了十余天的旅程，杜甫和家人来到了秦州。这个地方，很贫瘠，很荒凉，杜甫将寄居在这里。初到秦州，一切都很陌生，秋风四起的日子，他写了首《月夜忆舍弟》。

戍鼓断人行，边秋一雁声。

露从今夜白，月是故乡明。

有弟皆分散，无家问死生。

寄书长不达，况乃未休兵。

"露从今夜白，月是故乡明"，所有的游子，都会为这样的诗句感伤。

可是没办法，为了前程与梦想，我们不得不远离家乡，离家在外，只能望月寄托相思之情。那个叫作故乡的地方，永远是我们梦里的依归之处。

杜甫的堂侄杜佐，在秦州东柯谷有几间草堂，也有自己的田地，

虽然不是大富大贵，却也衣食无忧。尽管只是远房叔侄关系，杜佐
还是给了杜甫不少物质上的资助。开始时，杜甫顾及文人颜面，不
愿直接求助，而是写了首诗，含蓄地表达了意思。

白露黄粱熟，分张素有期。

已应春得细，颇觉寄来迟。

味岂同金菊，香宜配绿葵。

老人他日爱，正想滑流匙。

大概意思是白露过后，小米已收割完毕，你是否已忘记了前几
日的约定？小米春得越细，蒸出来就越爽滑香甜，再配上绿葵这样
的蔬菜，更是美味诱人，我老人家就好这口。

本来是借米，却要以诗来表达，有几分风雅，又有几分无伤大
雅的无赖气，应该说，这是杜甫的可爱之处。由此也可以看出，对
杜甫来说，很多诗都是信手拈来，家书也好，便条也好，都能以诗
的形式出现。难怪他说："诗是吾家事。"

杜甫的《秦州杂诗》中有一首《示侄佐》：

多病秋风落，君来慰眼前。自闻茅屋趣，只想竹林眠。

满谷山云起，侵篱涧水悬。嗣宗诸子侄，早觉仲容贤。

千百年来，这首诗在东柯谷盛传，杜佐的后代还将其作为家训
代代流传。

不管怎样，吃的问题暂时算是解决了。其次就是住的问题。初

到秦州，杜甫和家人住在郊区的一个破茅屋里，条件极其简陋，雨天更是凄凉。杜甫只好前去求助赞公。

赞公因为被怀疑是房琯的同党，被逐出了京城，在秦州西枝村安身。作为僧人，他对杜甫的才华和济世情怀非常欣赏，所以总愿意尽其所能，帮助这个落魄文人。得知杜甫有长住秦州的打算，赞公带着他在西枝村寻找修建草堂的基地，但最终因为钱财有限，未能如愿。不过在赞公的帮助下，杜甫搬出茅屋，换了个地方居住，总算不用再担心房子到处漏雨了。

除了杜佐和赞公，杜甫在秦州还得到了不少人的接济。比如隐士阮昉（fǎng），曾给杜甫送过薤（xiè）菜，杜甫有诗《秋日阮隐居致薤三十束》，其中写道："隐者柴门内，畦蔬绕舍秋。盈筐承露薤，不待致书求。"

在秦州，杜甫也曾采药来卖，那段时间所写的诗多有提及。即使如此，再加上亲友们的帮衬，日子还是每况愈下。在生活面前，杜甫不曾言败，却也不曾告捷。他有首诗题为《空囊》，写得极为苦涩：

翠柏苦犹食，明霞高可餐。

世人共卤莽，吾道属艰难。

不爨井晨冻，无衣床夜寒。

囊空恐羞涩，留得一钱看。

"翠柏苦犹食，明霞高可餐"有两层含义：一层是说穷困潦倒，只能将云霞和柏树作为食物，来填饱肚子，这是字面上的意思；另一层是言外之意，在古人看来，明霞翠柏都是高洁的象征，《列仙传》

中说神仙赤松子就喜欢吃柏树结的果实，以及司马相如《大人赋》中有一句"呼吸沆瀣餐朝霞"。

大家吃的是普通的饭菜，我杜甫吃的是柏树果实和天上的明霞，自然道路艰难。面对生活的艰辛，杜甫也只能用这样的话来安慰自己，所谓"天将降大任于是人也，必先苦其心志，劳其筋骨"，再苦再难，也不能放弃！

不过，话虽是这样，但现实的难处也是实实在在的。在寒冷的早晨，出门去打水，结果井水都被冻住了，没法烧火做饭；到了晚上，身边又没有厚衣厚被，就只能受冻。尽管囊中羞涩，但口袋里还必须留一文钱，以充门面。事实上，杜甫的身体也因饥寒交困而变得衰弱，这年深秋，疟疾复发，寒热交替，多日都要受到病痛的煎熬。

杜甫不擅长谋生，这是显而易见的。尽管他有安济天下的宏愿，但他终究只是个诗人，简单而纯粹。他不会钻营，也不会算计，否则就不是杜甫，也就不会被尊为诗圣了。生活再凄苦，他也是月白风清的杜甫。

当然，身处凉薄岁月，免不了自嘲。

对待生活，我们都少不了几分幽默，几分调侃。

这就是人们常说的苦中作乐。

对于杜甫来说，苦中作乐最好的方式，大概莫过于写诗。那段时间，生活虽然落魄，但他写诗的热情高涨，数月之间写了百余首。除了二十首《秦州杂诗》，还有不少遥寄故友、抒写心怀的诗。他写诗给高适和岑参，写诗给郑虔和孟云卿，写诗给贾至和严武，皆是情深义重。

当然，最让他念念不忘的，还是那个叫李白的诗人。对他的行踪，对他的悲喜，杜甫始终牵挂着。杜甫辞官的这年，因为关中大旱，朝廷大赦天下，李白也获得了赦免，不用再流放夜郎。杜甫知道后，甚是欣慰。他写了首《寄李白二十韵》，就像是为李白写了篇简洁的传记，对其生平遭遇、性情人格以及诗歌成就，都给予了赞赏。自然，其中也有对李白悲凉人生的愤愤不平。

昔年有狂客，号尔谪仙人。笔落惊风雨，诗成泣鬼神。
声名从此大，汩没一朝伸。文彩承殊渥，流传必绝伦。
龙舟移棹晚，兽锦夺袍新。白日来深殿，青云满后尘。
乞归优诏许，遇我宿心亲。未负幽栖志，兼全宠辱身。
剧谈怜野逸，嗜酒见天真。醉舞梁园夜，行歌泗水春。
才高心不展，道屈善无邻。处士祢衡俊，诸生原宪贫。
稻粱求未足，薏苡谤何频。五岭炎蒸地，三危放逐臣。
几年遭鵩鸟，独泣向麒麟。苏武元还汉，黄公岂事秦。
楚筵辞醴日，梁狱上书辰。已用当时法，谁将此义陈？
老吟秋月下，病起暮江滨。莫怪恩波隔，乘槎与问津。

怀念故人，思忆往事，往往只会平添凄凉。

陌上同游，花间共醉，这样的画面想起来是温暖的。

然而，走出回忆，眼前仍是惨淡的现实。天气越来越冷，杜甫一家人仍需靠着朋友们的接济勉强度日。那双写诗的手，在真实的生活面前，显得很无力。

寒风呼啸，天地茫茫。

那是北方的深秋。

飘零何处归

苏东坡说："此心安处是吾乡。"

这世界，行处皆是天涯，也可以说，足下尽为归处。

如许多文人一样，杜甫的愿望大概就是步入仕途，即使起起伏伏，最终也能实现抱负，不至于让满腹才华付诸流水。然后，功成名就，退隐山林，在田园山水之间，悠然度过余生。只可惜，无论杜甫怎么努力，他的人生也与愿望相去甚远。

他的官场生涯，既不能给人生以灿烂，也不能给黎民以安详。受尽冷落，终于在苦闷中厌倦，却又因为战乱，难以回到故乡。他有时会想起三百多年前的那个诗人。辞官而去，独得悠然，那是陶渊明的余生。

采菊东篱，种豆南山，日子过得素淡而丰盈。

辞官之初，陶渊明写下了一首千古流传的《归去来兮辞》，表达了自己对于官场的厌恶，以及回归田园后的畅快。在田园中，他与亲戚说些暖心的话，用弹琴读书来消除烦忧，与农夫们也相处融洽。农闲的时候，驾着马车在山林游玩，或者独自在水面行舟，感受草木向荣、泉水涓涓，体会自然万物的魅力，登山长啸，临泉赋诗，可以说是其乐无穷。

就像他自己说的："久在樊笼里，复得返自然。"既然心性与官场不合，那便飘然而去。弹琴读书，莳（shi）芳种豆。偶尔驾车过巷陌，偶尔扁舟钓云水。

有时候，杜甫也希望，归去山野，饮酒写诗，于山水间安置自己，在诗酒中流放时光。

只不过，就心性而言，杜甫始终不像陶渊明那般淡泊。他是有大志向的人，渴望辅君匡世，功成名就。陶渊明退隐田园，很多人喜欢他的洒脱，却也有很多人认为他逃避生活，杜甫也曾这样认为。但当自己厌倦了昏暗丑陋的官场，他也只能默然离去。

只是，连陶渊明那样的生活，现在他都无缘体会。

生活赋予他的，是一路泥沼，万里风尘。

秦州，秋天渐渐谢幕，冬天的意味越来越浓。杜甫仍在写诗，境况凄惨，诗也往往因此充满了悲凉之感。他写了许多有关当地自然的诗，诸如《天河》《初月》《野望》《捣衣》《萤火》等。

他说，"纵被浮云掩，终能永夜清"；他说，"河汉不改色，关山空自寒"；他说，"远水兼天净，孤城隐雾深"；他说，"已近苦寒月，况经长别心"；他说，"十月清霜重，飘零何处归"。景语之中，尽是情语。关河无限，人在天涯，加之穷困潦倒，他无法不感慨。

山晚浮云合，归时恐路迷。涧寒人欲到，林黑鸟应栖。
野客茅茨小，田家树木低。旧谙疏懒叔，须汝故相携。

杖锡何来此，秋风已飒然。雨荒深院菊，霜倒半池莲。
放逐宁违性，虚空不离禅。相逢成夜宿，陇月向人圆。

这两首诗，前者写给杜佐，后者写给赞公。

偶然的田园意味，在沉重的生活压迫下，也变成了叹息。

他的人生，漫山遍野尽是风雨，坎坷常在，灯火萧疏。"生活"二字，太重，也太冷。

某天，杜甫想起了郑虔，那个曾与他月下对酌的朋友，因此写下一首《有怀台州郑十八司户》，满纸知交深情。

天台隔三江，风浪无晨暮。郑公纵得归，老病不识路。
昔如水上鸥，今为置中兔。性命由他人，悲辛但狂顾。
山鬼独一脚，蝮蛇长如树。呼号傍孤城，岁月谁与度。
从来御魑魅，多为才名误。夫子嵇阮流，更被时俗恶。
海隅微小吏，眼暗发垂素。鸠杖近青袍，非供折腰具。
平生一杯酒，见我故人遇。相望无所成，乾坤莽回互。

至德二年（757），郑虔被贬为台州司户，以老弱残身，长途跋涉来到台州。台州地处荒僻，文风未开，郑虔的衣冠言语，看起来和当地格格不入。有诗曰："一州人怪郑若齐，郑若齐怪一州人。"郑虔也自叹："著作无功千里窜，形骸违俗一州嫌。"

同时，郑虔又自我勉励，孔子虽然泽被天下，但阳春照不到阴崖，君子所经过的地方，无人不被其教化，我如今被贬到这里，也应当担起教化的责任，因此大力促进当地的文化教育，以地方官员的身份在台州首办官学，挑选民间优秀子弟进行教育。根据文献记载，此后的台州是一时"弦诵之声不绝于耳"，"自此民俗日淳，士风渐进焉"。郑虔的努力也终于收到了回报。

不过，此时的郑虔毕竟已经年近古稀，身体日渐衰弱。

风烛残年，枕着回忆，越来越寂静。

杜甫在遥远的北国，也时常忆起从前。长安城中那两个把酒言欢的身影，仿佛只是刹那，就已成了过往。

杜甫也很怀念贾至和严武。他写诗遥寄，题为《寄岳州贾司马六丈、巴州严八使君两阁老五十韵》。诗很长，足见情深。他本就是个长情的人，只是岁月对他太过冷漠。

旧好肠堪断，新愁眼欲穿。翠干危栈竹，红腻小湖莲。
贾笔论孤愤，严诗赋几篇？定知深意苦，莫使众人传。
贝锦无停织，朱丝有断弦。浦鸥防碎首，霜鹘不空拳。
地僻昏炎瘴，山稠临石泉。且将棋度日，应用酒为年。
典郡终微眇，治中实弃捐。安排求傲吏，比兴展归田。
去去才难得，苍苍理又玄。古人称逝矣，吾道卜终焉。
陇外翻投迹，渔阳复控弦。笑为妻子累，甘与岁时迁。
亲故行稀少，兵戈动接联。他乡饶梦寐，失侣自迸逮。
多病加淹泊，长吟阻静便。如公尽雄俊，志在必腾骞。

那些年，杜甫的朋友们，罢官的罢官，贬谪的贬谪，生活都不如意。贾至被贬为岳州司马，严武被贬为巴州刺史。而杜甫自己，被贬后日子索然，终于离开了官场。只是，远离了官场纷扰，生活也并无起色。

这首诗里，写到了汉代的贾谊和严光。贾谊是西汉初年著名的文学家，世称贾生，年少时便有才名，十八岁时，因为擅长写文章被同郡的人称道。贾谊在汉文帝时担任博士，后来担任太中大夫，因为受到大臣周勃、灌婴的排挤，被贬为长沙王太傅。三年后被召回长安，成为梁怀王的太傅。梁怀王坠马而死后，贾谊深感歉疚，郁郁寡欢，最终抑郁而亡，年仅三十三岁。

李商隐有首《贾生》："宣室求贤访逐臣，贾生才调更无伦。可怜夜半虚前席，不问苍生问鬼神。"诗中极力言说了贾谊怀才不遇、壮志难酬的愤懑。司马迁对屈原和贾谊都寄予了同情，为二人写了篇合传，后世因而往往把屈原和贾谊并称为"屈贾"。

严光字子陵，年少时便有很高的名望，和东汉光武帝刘秀是同学，也是好友。之后他积极帮助刘秀起兵，事成后又归隐著书。刘秀即位后，多次想要让严光入朝为官，但他隐姓埋名，退居富春山，时常在江畔垂钓。其垂钓的地方，被称为严陵钓台。

严光不慕富贵、不图名利的淡泊品性，一直受到后世的称誉。范仲淹撰写了一篇《严先生祠堂记》，里面有四句赞语："云山苍苍，江水泱泱；先生之风，山高水长。"也正是这四句赞语，使严光以高风亮节闻名天下。杜甫将贾至和严武分别比作贾谊和严光，体现了对二位好友才气和品行的欣赏，也有对他们不平遭遇的同情与愤慨。

杜甫的《佳人》，也写于这个时期。

绝代有佳人，幽居在空谷。自云良家子，零落依草木。

关中昔丧乱，兄弟遭杀戮。官高何足论，不得收骨肉。

世情恶衰歇，万事随转烛。夫婿轻薄儿，新人美如玉。

合昏尚知时，鸳鸯不独宿。但见新人笑，那闻旧人哭。

在山泉水清，出山泉水浊。侍婢卖珠回，牵萝补茅屋。

摘花不插发，采柏动盈掬。天寒翠袖薄，日暮倚修竹。

关于这首诗的旨意，向来有争论。

有人认为是寄托，有人认为是写实，大都是在这两种猜测之中。

杜甫对大唐朝廷竭忠尽力，忠心耿耿，最后却落得弃官漂泊的窘境。但即便是在饥寒交迫的情况下，他都始终不忘国家民族的命运。这样的不平际遇，这样的高风亮节，和诗中的女主人公很相似。所以，如果说杜甫在她的身上寄寓了自己的身世之感，也是符合的。

清人黄生则持有另一种看法："偶有此人，有此事，适切放臣之感，故作此诗。"说是当时恰好有这样一个人，有这样一件事，与杜甫那种怀才不遇的心情相切合，因此杜甫才写了这样一首诗。

只是，无论是否真的有这个人，杜甫的坚贞自守，是显而易见的。

幽居空谷，草木为邻，立志守节，宛若山泉。

是那女子，也是他自己。

悲风为我从天来

杜甫还在属于他的岁月里，以诗人之名，解析着人生。

深秋的秦州，西风肆虐，黄沙漫天。偶尔，还有羌笛声乱。

秦州位于六盘山支脉陇山以西。陇山西边的陇右道，从秦代到唐代，一直是汉族与氐（dī）羌等少数民族杂居之地。每逢战乱时期，这里不是被当地土豪割据，就是被外族侵略。唐朝自高祖以来，开拓边境，深入西域，在陇右设置了都督府和州县。开元年间，又建立朔方、陇右、河西、安西、北庭等节度使镇守边境，每年从内地运来大批物资和兵丁，在这里屯田牧马，所以军城烽火，万里不断。

公元七世纪，松赞干布建立吐蕃王朝。贞观十五年（641），唐朝将宗室女文成公主嫁给松赞干布；景龙四年（710），唐朝宗室女金城公主嫁给弃隶缩赞赞普。吐蕃还通过互市向唐朝购买茶叶、丝绸等物品，彼此在经济文化等方面多有往来。开元十七年（729），弃隶缩赞赞普向唐玄宗上表说："外甥是先皇帝舅宿亲，又蒙降金城公主，遂和同为一家，天下百姓，普皆安乐。"

只是，吐蕃与唐朝表面上虽是儿女亲家，看上去十分亲密，但在军事方面，吐蕃却与唐朝时战时和，几乎与两国存亡相始终。唐太宗时期，双方发生过一次规模有限的冲突，唐军击退了吐蕃军；唐高宗、武则天时期，唐朝处于守势，保住了西域；唐玄宗时期，吐蕃处于守势。

安史之乱爆发后，陇西精锐大都前往东征，留下的都是些老弱残兵，防守空虚，吐蕃趁机进犯，占领了陇右、河西等大片地区。杜甫到秦州的时候，吐蕃势力正在逼近洮（táo）州和岷（mín）州。很快，杜甫就意识到秦州并非久居之地，加上生活窘困，便决定离开。果然，四年后的广德元年（763），吐蕃攻陷秦州。

在秦州仅仅停留了两个多月，杜甫再次上路。

乾元二年（759）十月底，杜甫离开秦州，前往同谷。选择同谷，主要是因为同谷有个老朋友，也就是杜甫诗中所说的"佳主人"，写信跟他说可以到同谷居住，辞意恳切。杜甫有首诗题为《积草岭》，记录了这件事。

连峰积长阴，白日递隐见。飔飔林响交，惨惨石状变。

山分积草岭，路异鸣水县。旅泊吾道穷，衰年岁时倦。

卜居尚百里，休驾投诸彦。邑有佳主人，情如已会面。

来书语绝妙，远客惊深眷。食蕨不愿余，茅茨眼中见。

杜甫还听说，同谷一带物产丰富，景色优美，适宜居住。从秦州到同谷，有几日的行程。应该说，杜甫是带着愉悦的心情出发的。他相信，同谷是个安居的好去处。

同谷，就是现在的甘肃成县。离开秦州的时候，杜甫写了首《发秦州》。在他的想象中，同谷这个地方，山水秀丽，民生安泰。尤其是那里的栗亭，良田广布，物资充实，山崖上有丰富的蜂蜜，竹林里有新鲜的冬笋，如此等等。甚至，他还想象，闲暇之余，可以荡舟湖上。

我衰更懒拙，生事不自谋。无食问乐土，无衣思南州。
汉源十月交，天气如凉秋。草木未黄落，况闻山水幽。
栗亭名更嘉，下有良田畴。充肠多薯蓣，崖蜜亦易求。
密竹复冬笋，清池可方舟。虽伤旅寓远，庶遂平生游。
此邦俯要冲，实恐人事稠。应接非本性，登临未销忧。
溪谷无异石，塞田始微收。岂复慰老夫，惘然难久留。
日色隐孤戍，乌啼满城头。中宵驱车去，饮马寒塘流。
磊落星月高，苍茫云雾浮。大哉乾坤内，吾道长悠悠。

只不过，想象终归是想象。

所谓佳境，若不是亲眼所见，终不知其山水几何。

从秦州出发，一路西行，经过铁堂峡、盐井、寒峡、法镜寺、青阳峡、龙门镇、石龛（kān）等地，进入同谷界内的积草岭，直到同谷附近的泥功山、凤凰台。在这段旅程中，杜甫写了十余首纪行诗，记录沿途的所见所感。见当地百姓生活艰苦，杜甫仍旧无比心酸。尽管，他自己还在天涯辗转。

　　距离同谷县城七八里，有个地方叫凤凰山，山下有个凤凰台，台下有万丈深潭，潭边有飞龙峡，峡底有凤凰村。如果用审美的眼光去看，此地可谓雄奇壮丽。然而，从民生而论，这里极为荒僻贫瘠，百姓甚至还要时常忍饥挨饿。杜甫经过这里，写了首《凤凰台》。

　　　　亭亭凤凰台，北对西康州。西伯今寂寞，凤声亦悠悠。
　　　　山峻路绝踪，石林气高浮。安得万丈梯，为君上上头。
　　　　恐有无母雏，饥寒日啾啾。我能剖心出，饮啄慰孤愁。
　　　　心以当竹实，炯然无外求。血以当醴泉，岂徒比清流。
　　　　所重王者瑞，敢辞微命休。坐看彩翮长，举意八极周。
　　　　自天衔瑞图，飞下十二楼。图以奉至尊，凤以垂鸿猷。
　　　　再光中兴业，一洗苍生忧。深衷正为此，群盗何淹留。

　　杜甫在诗中说，凤凰台上或许有无所依靠的雏凤，在寒风中嗷嗷待哺。如果可以，他宁愿牺牲自己的性命，以心为竹实，以血为醴（lǐ）泉，来饲养这只瑞鸟。等到它长大，肯定会将祥瑞带到长安。到那时，便可以实现大唐中兴，百姓也会安享太平。对于社稷黎民，他仍是一片赤诚。

　　现在，杜甫已在同谷了。栗亭，是他的落脚之地。

　　然而，兴冲冲前来，生活却依旧不如意。

　　杜甫对生活的要求很低，一间茅屋，粗茶淡饭，不用受冻，不用挨饿，他就能心满意足。在那首《积草岭》里他说"来书语绝妙，远客惊深眷"，料想同谷的那个朋友，既然在信中说得一片光明，杜甫现在到了这里，应该不用再为温饱发愁了。

可是，实际的情况却让他很无奈。不知道是什么原因，那位写信邀他前往的朋友，也许是离开了同谷，也许是突然改变了主意，反正之后没在杜甫的生活中出现过。杜甫这个人，对别人给予他的接济，哪怕是点滴之恩，也常在心中感念。比如，在秦州帮助过他的那些人，都曾在他诗中出现。而同谷这位故人，杜甫始终只字未提。

既然如此，杜甫在同谷的生活，就只能靠自己。

全家人都指望着他。无论面对何种风波，杜甫也要迎难而上。只可惜，他虽有一支笔，却画不出良田广厦，日子依旧凄迷。

有客有客字子美，白头乱发垂过耳。
岁拾橡栗随狙公，天寒日暮山谷里。
中原无书归不得，手脚冻皴皮肉死。
呜呼一歌兮歌已哀，悲风为我从天来。

长镵长镵白木柄，我生托子以为命。
黄独无苗山雪盛，短衣数挽不掩胫。
此时与子空归来，男呻女吟四壁静。
呜呼二歌兮歌始放，闾里为我色惆怅。

在同谷，可以说是杜甫生活最为窘困的时期。

他写有组诗《乾元中寓居同谷县作歌七首》，这是前两首。冬天，寒风凛冽的日子，杜甫为了生活，不得不去山里采拾橡果，以此来填饱全家人的肚子；飞雪连天的日子，衣衫单薄的他去铲野生山芋的苗，却又往往空手而回。手脚冻裂，皮肉坏死，整个人蓬头垢面。这就是杜甫当时的模样。

曾经，他也是风姿翩然，也曾裘马轻狂。

那时候，人间陌上，风月正好。诗和酒，满载青春年华。

可是现在，他几乎是挣扎在死亡线上。遥遥望去，是他为生计奔劳的佝偻身影。将这凄惨的生活写成诗，悲凉吟唱，连邻居都为之惆怅。身处困境，人总会忍不住怀念过往，思忆亲眷，杜甫也不例外。只是，除了身边忍饥挨饿的妻子儿女，所有亲人都远隔天涯。他在那组诗里写道：

有弟有弟在远方，三人各瘦何人强？
生别展转不相见，胡尘暗天道路长。
东飞鴐鹅后鹙鸧，安得送我置汝傍。
呜呼三歌兮歌三发，汝归何处收兄骨。

有妹有妹在钟离，良人早殁诸孤痴。
长淮浪高蛟龙怒，十年不见来何时。
扁舟欲往箭满眼，杳杳南国多旌旗。
呜呼四歌兮歌四奏，林猿为我啼清昼。

几个弟弟都在远方，杳无消息。妹妹在钟离已成寡妇，十年未曾相见。乱世流离，所有人都有如飘萍，天南地北，无处得见。某天，杜甫在山里偶遇一位从前相识的儒生，却也只是回忆过往，说些琐事。饥寒交迫的生活里，一切都很无味。

写完组诗，搁笔望天。又是一声长叹。

外面，连天的飞雪遮盖了世界。

凄凉地，照着诗人的清白。

一岁四行役

生活不易，谁都有山穷水尽之时。

在同谷，杜甫再次面临难以为继的境况。他的生活，渐渐地，被岁月谱成了一首悲歌。曲调太低，几近沉寂。

生活陷入绝境，杜甫不得不再次迁徙，或者说，再次逃离。

这次，他要去的是成都，安史之乱时玄宗曾逃往的地方。虽不知道前程如何，但至少，与秦州和同谷相比，地处南方的成都，不至于太过寒苦。

在同谷，前后不过月余，却无比漫长。乾元二年（759）十二月初一，杜甫携家小起程入蜀。从同谷出发，途经兴州、利州、剑州、绵州、汉州等地，年底抵达成都。出发之前，杜甫写了首《发同谷县》。

贤有不黔突，圣有不暖席。况我饥愚人，焉能尚安宅？

始来兹山中，休驾喜地僻。奈何迫物累，一岁四行役。

忡忡去绝境，杳杳更远适。停骖龙潭云，回首虎崖石。

临岐别数子，握手泪再滴。交情无旧深，穷老多惨戚。

平生懒拙意，偶值栖遁迹。去住与愿违，仰惭林间翮。

乾元二年（759），大概是杜甫生平最窘困的年份。

这年，他前后搬迁四次，只为寻得安身之所，却总是失望。从洛阳到华州，再到秦州，再到同谷，最后到成都，从春暖花开，走到了飞雪漫天，总是飘零的模样。四十八岁的杜甫，吞下了所有苦涩，瑟缩着下笔，竟也是满纸华章。从夏天的"三吏三别"，到秋冬的陇右诸诗，大都成就卓然。

他离开朝廷，走向了苍生，回到了最真实的生活中。那些脚踏实地的日子，固然是风雨如晦，却让他切身体会了寻常百姓的苦涩和无助。他所写的，都是柴米油盐的日子，以及这日子里的苦辣酸甜，自然最接地气，也最受普通民众欢迎。就仿佛，他写的每字每句，都是我们自己的生活。实际上，那些悲苦惨淡的画面，是寻常生活，也是开元盛世凋谢后的满地荒烟。

现在，杜甫在第四次迁徙的途中。之所以选择成都，除了远离战乱，还因为那里物产丰富，而且风景壮美，名胜古迹遍布。另外，他也有朋友在那里，生活应该不至于太难，但他距离长安，距离自己的人生理想，却是越来越远了。

从同谷至成都，二十多天的行程，杜甫写了不少诗，其中有十二首纪行诗，也就是俗称的记游诗或行旅诗，或描述个人游历见闻感受，或表现思亲怀乡之情，将叙事与抒情相结合，这类诗离不开山水景物描写，所以又称"山水纪行诗"。杜甫的这些纪行诗描述了旅途中壮丽的山水图景，如《木皮岭》《龙门阁》《白沙渡》《飞仙阁》《剑门》等。

土门山行窄，微径缘秋毫。栈云阑干峻，梯石结构牢。
万壑欹疏林，积阴带奔涛。寒日外澹泊，长风中怒号。
歇鞍在地底，始觉所历高。往来杂坐卧，人马同疲劳。
浮生有定分，饥饱岂可逃。叹息谓妻子，我何随汝曹。

虽是纪行之作，却以感叹结束。

"叹息谓妻子，我何随汝曹"，话语简单，却足见深情。意思是此生跟了我，苦了你了。的确，与清贫潦倒的杜甫相伴人间，让那女子尝尽了心酸。然而，即使如此，她仍是不离不弃。

可是，他只是一介文人，不擅长也不屑于去钻营取巧，走入仕途后，又不得不在落寞中离开，所以很多时候，对于生活，他总是捉襟见肘。对于妻子，他始终是心疼又愧疚的。那样的境况，一句"苦了你了"，便是最深情的告白。执子之手，与子偕老，始终不离不弃，也许，这就是爱情最好的样子。

人生的平淡况味，就在这寻常门巷之中。

深冬，过了剑门关，成都平原就呈现在杜甫眼前了。此番旅程，是以一首《成都府》结束的。长途跋涉，风餐露宿，终于在锦城落脚。

翳翳桑榆日，照我征衣裳。我行山川异，忽在天一方。
但逢新人民，未卜见故乡。大江东流去，游子日月长。
曾城填华屋，季冬树木苍。喧然名都会，吹箫间笙簧。
信美无与适，侧身望川梁。鸟雀夜各归，中原杳茫茫。
初月出不高，众星尚争光。自古有羁旅，我何苦哀伤。

从前，那样繁华的长安，也曾让他飘零十载。

因此，虽然人已经在锦城，但未来到底会怎样，他并不确定。这首诗真实地刻画了杜甫初到成都时喜忧交集的感情。全诗并无惊人之语，亦无奇险之笔，只是将诗人自己的所见所闻、所感所想，明白如话地写出，蕴含了深沉的情思，风格古朴浑成，有汉魏遗风。

成都是古蜀国的故地，蜀人创造了辉煌神秘、能与中原文明媲美的古蜀文明，留下了广汉三星堆遗址和成都的金沙遗址。秦灭蜀，改称蜀郡。西汉时成都织锦业发达，朝廷在此设置"锦官"进行管理，因此，成都又被称为"锦官城"或"锦城"。五代时，后蜀国主孟昶（chǎng）下令遍种芙蓉，成都又被称为"蓉城"。

西汉末年，公孙述称帝，定成都为"成家"。东汉末年，刘焉是"益州牧"，用成都作为州、郡、县治地。秦朝时成都已成为全国性的大都市，西汉时人口超过四十万。著名的文学家司马相如和扬雄，都出生于成都。

隋唐时期，成都经济发达，文化繁荣，佛教盛行，列入全国四大名城（长安、扬州、成都、敦煌）中的第三位。当时，成都文学家云集，李白、王勃、卢照邻、高适、李商隐、高适、薛涛等人，都曾旅居成都。而在宋朝，苏轼、柳永、黄庭坚、范成大、陆游等词人都曾在这里小住或长居。

千百年后，武侯祠、薛涛井、百花潭、青羊宫、文殊院、昭觉寺、望江楼、王建墓、杜甫草堂等古迹，在不断变幻的时光里见证着岁月的沧桑。

杜甫不知道，半个多世纪后，那个叫薛涛的才女，在浣花溪畔深居简出。红笺小字，满是往事痕迹。她筑了一座吟诗楼，穿着女道士的装束，隐居在楼中，就像筑了一座心的城堡，将自己安放在那里，远离了所有的喧嚣。然后，飘出人世，寂静如尘。多年后，望江楼上那副楹联，概括了薛涛繁华而孤寂的一生：

古井冷斜阳，问几树批把，何处是校书门巷；
大江横曲槛，占一楼烟雨，要平分工部草堂。

杜甫不知道，两百多年后，那个愿把浮名换取浅斟低唱的柳永，来到成都，独游浣花溪，留下一首《一寸金》。从舞榭歌台到山河日月，从市井繁华到今古风流，可以说，这首词写尽了成都的雅与俗。此间的天文地理、民俗文化，尽在这百余字之中。

井络天开，剑岭云横控西夏。地胜异、锦里风流，蚕市繁华，簇簇歌台舞榭。雅俗多游赏，轻裘俊、靓妆艳冶。当春昼，摸石江边，浣花溪畔景如画。

梦应三刀，桥名万里，中和政多暇。仗汉节、揽辔澄清，高掩武侯勋业，文翁风化。台鼎须贤久，方镇静、又思命驾。空遗爱，两蜀三川，异日成嘉话。

杜甫知道的是，他的至交好友李白，多年前从这里出发，去了许多地方。而现在，他虽无比挂念，却不知那个飘洒如风的诗人身在何处。他想着，漂泊多年，李白也该回归故里了。于是，他在诗里说："匡山读书处，头白好归来。"而那诗人，终究没能回到蜀中。

　　李白曾在诗中写道："九天开出一成都，万户千门入画图。草树云山如锦绣，秦川得及此间无。"他笔下的成都秀美如画。但他，永远留在了异乡。

　　成都，历代文人皆因其富庶和悠闲而为之神往。《岁华纪丽谱》中说："成都游赏之盛甲于西蜀，西蜀甲于天下。"此话不假。乾元二年除夕前，杜甫来到了这里。结束了颠沛流离的日子，他在这里过了几年相对安逸的生活。

　　大概是秀逸的景色给了他灵感，杜甫在这里写了数百首诗。

　　夕阳下，人来人往。几分慵懒，几分悠然。

　　杜甫初见成都。岁暮，黄昏。

≫

第五卷

西南漂泊

喜欢这世界，不因其浮华，不因其绚烂。

却是因为，走过的地方总有深情，遇见的故事总有温暖。

卜居浣花溪畔

张籍说："锦江近西烟水绿，新雨山头荔枝熟。"刘禹锡说："濯锦江边两岸花，春风吹浪正淘沙。"陆游说："烟柳不遮楼角断，风花时傍马头飞。"这就是文人墨客笔下的成都，带着富饶丰美，带着花团锦簇，带着古迹沧桑。那个冬天，杜甫来到了这里，带着满身的疲惫和风尘。

刚到成都的时候，杜甫和家人借住在西郊外的古寺里。不过，杜甫在成都有不少朋友，因为这些人的慷慨帮助，他很快就搬离了古寺。那时候，在他的众多朋友里，最显赫的当数裴冕，后来是高适和严武。

杜甫在成都的时候，成都府尹还担任剑南道西川节度使，掌管二十多个州郡、百余个县。乾元二年（759），西川节度使是裴冕，他可以说是官路亨通，在肃宗登基后曾担任宰相。杜甫入朝为官后，与裴冕有些来往。

只不过，在马嵬事变后，裴冕是肃宗继位的极力拥戴者，就朝廷党派来说，他与房琯分属新旧两派，而杜甫身为房琯的朋友，曾因为房琯被贬而力谏肃宗，甚至惹恼了肃宗。因此，杜甫与裴冕私交不会太深，但这并不影响他欣赏裴冕的才干，也不影响裴冕给他切实的帮助。

就杜甫的处境来说，他所需要的帮助，首先是解决燃眉之急的钱物，其次是为他介绍有报酬的文字工作。当然，倘若能给他个足以维系生计的官职，无疑是极好的，只是这件事大部分人无力为之。可以肯定的是，杜甫抵达成都后，得到了很多朋友的尽力帮扶。偶尔，他也会经朋友们介绍，做些笔墨工作来赚取酬劳。

显赫之时，与你推杯换盏的那些人，未必是朋友。

真正的朋友，是在你落魄之时，仍能不厌不弃，肝胆相照。

有时候，一盏孤灯，抵得上千场盛宴。

不久之后，杜甫在浣花溪畔建了一座草堂。浣花溪位于成都西南，传说浣花夫人是这条溪边一个农家的女儿，她年轻的时候，有天在溪畔洗衣，遇到一个遍体生疮的过路僧人。僧人跌进了泥沟里，身上的袈裟沾满了污泥，请求农家女帮他洗干净。姑娘欣然应允。当她在溪中洗僧袍的时候，却随手漂起朵朵莲花。一时间整条小溪都是浮在水面的莲花，浣花溪也因此闻名。

浣花溪往东数里是万里桥，是当年诸葛亮送费祎（yī）出使东吴的地方。据说，诸葛亮在送别费祎的宴会上对费祎说"万里之行，始于此桥"，万里桥因而得名。

浣花溪畔风景秀美，流水小桥、竹径茅舍，无一不透着清雅别致。明代钟惺游览浣花溪后，写了《浣花溪记》，文中说："出成都南门，左为万里桥，西折纤秀长曲，所见如连环、如玦、如带、如规、如钩，色如鉴、如琅玕、如绿沉瓜，窈然深碧、潆（yíng）回城下者，皆浣花溪委也。然必至草堂，而后浣花有专名，则以少陵浣花居在焉耳。"

杜甫就在这个草树溪桥相映的地方，有了自己的安身之处。对于窘困的他来说，修建这个草堂并不容易，事事都离不开亲友们的扶助。表弟王十五在成都府里当差，知道他要在成都安家，特地送来一笔钱，杜甫无以为报，只好以诗相赠，题为《王十五司马弟出郭相访兼遗营草堂赀（zī）》。

客里何迁次，江边正寂寥。肯来寻一老，愁破是今朝。

忧我营茅栋，携钱过野桥。他乡唯表弟，还往莫辞劳。

同时，杜甫还写诗向各处寻觅花草树木，用来装点草堂。比如，他向萧实求取桃树苗，向韦续求取绵竹，向何邕求取蜀中特有的桤（qī）树苗，向徐卿求取果木苗，向韦班求取松树苗。甚至，还向韦班求取大邑县的瓷碗。总之，经多方资助，杜甫的草堂终于建成了，环境幽雅，景色宜人。

上元元年（760）暮春时节，杜甫草堂落成。结束了漂泊，他终于有了自己的栖身之所。草堂不算富丽，但对杜甫来说，已经足够。经历了那些栉风沐雨的时光，有个安身之地，让妻子儿女免受风雨欺凌，已经算是幸事。

人往往是这样，身处清平年代，享受着温饱太平，却总是免不了贪恋富贵荣华。只有历尽磨难，才会明白，简单活着，清白而恬淡，即可谓完满。

草堂落成，杜甫写了首《堂成》，颇见欣喜之意。

背郭堂成荫白茅，缘江路熟俯青郊。

桤林碍日吟风叶，笼竹和烟滴露梢。

暂止飞乌将数子，频来语燕定新巢。

旁人错比扬雄宅，懒惰无心作解嘲。

杜甫草堂在成都城郭之外，锦江边上。

流水野桥，芳草碧树，又有飞乌往来，尽是野逸之趣。

扬雄字子云，是西汉著名辞赋家。刘禹锡《陋室铭》中"西蜀子云亭"的"子云"指的就是扬雄。他曾撰写《法言》《太玄经》等书，是汉朝道家思想的继承和发展者，对后世影响深远。

"旁人错比扬雄宅，懒惰无心作解嘲"有两层含义。扬雄宅又名草玄堂，故址在成都城西南角，和杜甫草堂有地理上的联系。杜甫在草堂吟诗作赋，生活幽静而落寞，和左思《咏史》诗里说的"寂寂扬子宅，门无卿相舆"有些类似。扬雄曾闭门著书，写出了《太玄经》，草玄堂也因而得名。

杜甫初到成都，寄居在古寺时，高适寄给他的诗《赠杜二拾遗》里说"草《玄》今已毕，此后更何言？"，便是拿杜甫和扬雄相比。杜甫写诗回复道："草《玄》吾岂敢，赋或似相如。"意思是说我怎么敢和写出《太玄经》的扬雄相比呢，和司马相如比还算过得去。可见杜甫对扬雄的尊敬。

另外，扬雄在《解嘲》里自我标榜，说他闭门写《太玄经》，阐明圣贤之道，并不是为了富贵功名。不过，仔细看看《解嘲》这篇赋就知道，这是扬雄在发牢骚呢，他表面说自己不想求取功名，实际却对仕途上的不得意愤懑不已，天下文人，又有多少能真正摆脱功名利禄的吸引？

事实上，杜甫在成都建草堂而居，与退隐田园的陶渊明也有很大不同。终其一生，杜甫都在入仕与出世之间徘徊。想居庙堂之高，却见朝廷昏暗不堪；想处江湖之远，又不愿轻易抛弃理想。

莳花种豆，饮酒写诗，这样的清雅他也喜欢。

但他更愿意，这些事是在实现抱负后，主动地返璞归真。

不管怎样，现在的杜甫终于有心情饱览成都佳景了。实际上，只是浣花溪畔，就足以让他流连终日了。就像他那首《卜居》所写：

浣花溪水水西头，主人为卜林塘幽。

已知出郭少尘事，更有澄江销客愁。

无数蜻蜓齐上下，一双鸂鶒对沉浮。

东行万里堪乘兴，须向山阴入小舟。

林泉之间，终于有了杜甫的身影。

他未必想就此退隐，但的确体味着悠然。

三千年读史，不外功名利禄；九万里悟道，终归诗酒田园。

至少此时，杜甫是属于田园生活的。

江村事事幽

在成都草堂，杜甫总算过了一段安恬的日子。

他的身边，有山有水，有诗有酒，还有一家人共享天伦之乐。

江深竹静两三家，多事红花映白花。

报答春光知有处，应须美酒送生涯。

他就在那清净的村舍里，饮酒写诗，报答明媚的光阴。

陶渊明说："采菊东篱下，悠然见南山。山气日夕佳，飞鸟相与还。"王维说："行到水穷处，坐看云起时。偶然值林叟，谈笑无还期。"刘长卿说："过雨看松色，随山到水源。溪花与禅意，相对亦忘言。"柳宗元说："晓耕翻露草，夜榜响溪石。来往不逢人，长歌楚天碧。"

这就是诗人笔下的田园生活，充满了恬静与禅意。

在这样的日子里，杜甫也找到了一点属于自己的乐趣。他在《为农》一诗中这样写道："锦里烟尘外，江村八九家。圆荷浮小叶，细麦落轻花。卜宅从兹老，为农去国赊。远惭句漏令，不得问丹砂。"虽然仍旧忘不了国事，但他也喜欢农家生活的安详。

几亩地，几座山，流水相绕。

一壶酒，几分月，日子如禅。

南京久客耕南亩，北望伤神坐北窗。

昼引老妻乘小艇，晴看稚子浴清江。

俱飞蛱蝶元相逐，并蒂芙蓉本自双。

茗饮蔗浆携所有，瓷罂无谢玉为缸。

这里杜甫所说的南京，指的就是成都。如今我们所说的南京，在唐朝时被称作金陵或江宁。成都是唐朝历史上第一个被冠以"南京"

之名的城市。在唐朝，许多人认为，全国的城市里以扬州最为繁华，益州（即成都）紧随其后，因此有"扬一益二"的美誉。不过，成都取得"南京"之名并不是依靠繁华，而是因为"安史之乱"。

安史之乱中，唐玄宗仓皇逃往蜀地，留在了成都。唐肃宗在灵武继位后，遥尊玄宗为太上皇，同时在至德二年（757）将成都升格为"南京"。成都就这样从一个地方都市，摇身一变成了大唐的"南京"。不过，三年后的上元元年（760）十月，成都的"南京"之名被取消。由此也可以看出，杜甫这首《进艇》写于初到成都那年。

某个清晨，杜甫蓦然间想起了往事，想起了从前的盛世华年。

那时候，社稷安定，民生太平。那时候，他还意气风发。

可是现在，一切都无比遥远。被叛军践踏以后，九重宫阙、雕梁画栋早已满目疮痍，昔日的繁华旧景早已荡然无存。留下的，只有摇摇欲坠的城阙和遍地斑斑的血迹，以及无数难以安身的庶民百姓。想起这些，杜甫忍不住黯然神伤，却也只能掩上过往，流连于目下的生活。

毕竟，他身处的，是个云淡风轻的日子。这天，他身着布衣，带着妻儿，在浣花溪上泛舟游赏。不远处，孩子们在自由嬉戏。日光温暖，水光潋滟；荷叶田田，蝴蝶翩翩。小舟之上，品茶饮酒，甚是畅快。

对平生寥落的杜甫来说，这大概算是最幸福的画面了。

清静的村庄，竹篱茅舍，平淡的小日子。泛舟饮酒，意趣横生。

而在夏日，又是另一番情趣。

清江一曲抱村流，长夏江村事事幽。

自去自来梁上燕，相亲相近水中鸥。

老妻画纸为棋局，稚子敲针作钓钩。

但有故人供禄米，微躯此外更何求？

长长的夏日，小村寂静而幽雅。

梁上的燕子自由来去，水中的白鸥相伴相随。

兴许，杜甫正在品着一壶酒，看天边云彩或卷或舒，习习凉风吹得他半醉。而此时，妻子杨氏正在纸上画着棋盘，小儿子则敲打着针做鱼钩。这画面让他诗意顿生，于是，悠然下笔，便有了这首诗。而我们，也可以借着诗句，感受着村舍闲居的自在。饱经离乡背井苦楚、备尝颠沛流离艰辛的诗人，难得有这样悠闲的时候。

浣花溪畔，江流曲折，水木清华，一派恬静幽雅的田园景象。

王介甫《悼鄞江隐士王致》诗云"老妻稻下收遗穟，稚子松间拾堕樵"，也是相似的情趣。杜甫的闲适，王介甫的隐逸，各有妙处。

四百多年后，辛弃疾仕途屡受挫折，后来长期未得朝廷任用，在信州（今江西上饶）闲居多年，写了大量田园词。在带湖居住时，他写了首《清平乐·村居》，与杜甫这首《江村》有异曲同工之妙。

茅檐低小，溪上青青草。醉里吴音相媚好，白发谁家翁媪？

大儿锄豆溪东，中儿正织鸡笼。最喜小儿亡赖，溪头卧剥莲蓬。

豪迈的辛稼轩，沉郁的杜子美，笔下不失恬淡。

世事如冰。谁都不该辜负山间篱下那几分清朗明媚。

村居的日子，祥和安适，轻描淡写。平淡的生活，往往最有味道。

此时的杜甫，有妻子对酒谈笑，有儿女嬉笑绕膝，无疑是幸福的。幸福的画面，大抵都是这样：生活散淡，岁月清浅。

四十九岁的杜甫，已是鬓发苍白。眼见仕途无望，也只好安享田园乐趣。若非心系家国社稷，他对生活本就没有奢求。对他来说，箪食瓢饮，也不算苦涩；陋巷茅庐，也不嫌寒酸。

生活，原本可以简简单单，平平淡淡。没有争斗，没有彷徨，没有妄求，没有心计。有绿水青山，芳草斜阳，便好；有小径炊烟，月白风清，便好。

偶尔独自出门，行走天地，来去潇洒；偶尔三五知己，月下倾谈，花间漫步。若能如此，人生或许会少些惆怅，多些自在。尽管世事荒凉，我们仍可以洗去尘埃，拾得几分清雅和快意。

人生价值的体现，未必是忙得不可开交。

而应该是，应需而忙，酌情而闲，不必刻意为之。

只不过，忙要有价值，闲要有滋味。

花径不曾缘客扫

带着一颗随遇而安的心，杜甫在成都过得很惬意。

宋朝无门慧开法师有诗云："春有百花秋有月，夏有凉风冬有雪。若无闲事挂心头，便是人间好时节。"诗中所说的闲事，对于杜甫而言，就是大唐王朝的兴衰，以及万千黎民的悲喜。不过，他远在江湖，再忧虑也终是徒劳。既然如此，他便只好栖身草堂，体会难得的闲逸。

转眼，已经是上元二年（761）的春天了。

一场春雨，淅淅沥沥，润物细无声，洗涤出一个花红柳绿的世界。

好雨知时节，当春乃发生。随风潜入夜，润物细无声。

野径云俱黑，江船火独明。晓看红湿处，花重锦官城。

这首诗题为《春夜喜雨》，足见雨后杜甫的欣喜。

春江水暖，柳暗花明。他在他的诗里，安坐着，自斟自酌。

大概，情境就像陆游所写的那样："小楼一夜听春雨，深巷明朝卖杏花。"

生活少了些寂寞，诗歌就多了些疏朗。他写风雨，"细雨鱼儿出，微风燕子斜"；他写静夜，"云掩初弦月，香传小树花"；他写落日，"落日在帘钩，溪边春事幽"；他写晚晴，"夕阳薰细草，江色映疏帘"。

这个春天，草堂周围除了花草树木，杜甫还在溪畔筑起了亭台，古朴而典雅。环境幽美，心情尚佳，杜甫的身体与从前相比也轻快了许多。因此，他在《漫成二首》中写道：

野日荒荒白，春流泯泯清。渚蒲随地有，村径逐门成。

只作披衣惯，常从漉酒生。眼边无俗物，多病也身轻。

江皋已仲春，花下复清晨。仰面贪看鸟，回头错应人。

读书难字过，对酒满壶频。近识峨嵋老，知余懒是真。

这样清闲懒散的模样，是我们不熟悉的。

但那的确是杜甫的身影。闲居村野，悠闲自得。

偶尔，他也会走出草堂，去成都城里寻访古迹。他去武侯祠，怀念三国时蜀国的丞相诸葛亮。诸葛亮字孔明，号卧龙，早年随叔父诸葛玄到荆州，诸葛玄死后，诸葛亮就在襄阳隆中隐居。后来，刘备三顾茅庐，二人共谈天下大事，由此有了《隆中对》这一千古名篇。诸葛亮也决定出山辅佐刘备，成就一番功业。

之后，刘备联合孙权，在赤壁之战大败曹操的军队，形成三国鼎足之势，又夺占荆州，继而攻取益州。之后又击败了曹军，夺得汉中。刘备在成都建立蜀汉政权，诸葛亮被任命为丞相，主持朝政。刘备去世后，后主刘禅继位，诸葛亮被封为武乡侯，担任益州牧，勤勉谨慎，大小政事必亲自处理，赏罚严明。最终因积劳成疾，于蜀建兴十二年（234）病逝于五丈原（今陕西宝鸡岐山境内），享年五十四岁。刘禅追封其为忠武侯，后世常以"武侯"来尊称诸葛亮。

诸葛亮的才学与智谋，历来为人所称道。他终其一生为蜀汉政权操劳，鞠躬尽瘁、死而后已，是中国传统文化中忠臣与智者的代表人物。有感于诸葛亮的雄才大略，以及报国忠心，杜甫写了首《蜀相》：

丞相祠堂何处寻？锦官城外柏森森。

映阶碧草自春色，隔叶黄鹂空好音。

三顾频烦天下计，两朝开济老臣心。

出师未捷身先死，长使英雄泪满襟。

杜甫自己，空有"致君尧舜"的政治理想，却是仕途坎坷，抱负无法施展。写这首诗时，安史之乱还没有完全平息。目睹了国势艰危、生灵涂炭，而自身又请缨无路、报国无门，因此杜甫对开创基业、挽救时局的诸葛亮，无限仰慕，倍加敬重。

除了武侯祠外，他还去了司马相如的抚琴台。司马相如字长卿，是西汉著名的辞赋家。其作品辞藻富丽，结构宏大，为汉赋的代表作家，后人称之为"赋圣"和"辞宗"。鲁迅的《汉文学史纲要》还把他和司马迁放在一起加以评述，并且说："武帝时文人，赋莫若司马相如，文莫若司马迁。"

不过，司马相如之所以为人所熟知，除了卓绝的才华，还有与卓文君的那场旷世的爱情。两千多年前，他是远近闻名的才子，她是才貌双全的佳人。她新寡，他对她十分仰慕。于是，在一场宴会上，他以一曲《凤求凰》令隔帘听曲的她如痴如醉。不久后，他们私订终身。她的父亲不同意，她便随了他私逃而去，当垆卖酒。

> 茂陵多病后，尚爱卓文君。酒肆人间世，琴台日暮云。
> 野花留宝靥，蔓草见罗裙。归凤求凰意，寥寥不复闻。

琴台之上，遥思那场爱情，他应有会心的微笑。

他与妻子，虽无凤求凰的浪漫，却也做到了患难相随。

结束了游赏，杜甫回到了草堂。浣花溪畔，云水无恙。除了独自的清欢，杜甫也常与邻居相与往来。这里没有达官显贵，有的是落魄文人或村夫野老。比如，北邻是一个曾经的县令，嗜好诗酒，时常造访草堂；南邻的朱山人，数次邀杜甫前往对酌；卖文为生的斛（hú）斯融，也与杜甫有诗酒之谊。

这些人质朴纯真，与杜甫意气相投，因此相处极为融洽。偶尔，村人送来樱桃；偶尔，夜半突然犯了酒瘾，派孩子前往，也能从邻家那里赊来好酒；每遇节庆，杜甫与邻居相聚，闲话家常，尽是田园兴味。

当然，杜甫也喜欢被远方的朋友造访。他在《有客》中写道："竟日淹留佳客坐，百年粗粝腐儒餐。不嫌野外无供给，乘兴还来看药栏。"某天，以画马而闻名的韦偃来访，临别时，他为杜甫在墙上画了两匹骏马。杜甫为之题诗《题壁上韦偃画马歌》，其中写道："韦侯别我有所适，知我怜君画无敌。"不久之后，一位邻居看见了这首题诗，于是要杜甫给自己家悬挂的王宰所画的山水图题诗，杜甫欣然答应，作诗《戏题王宰画山水图歌》：

十日画一水，五日画一石。

能事不受相促迫，王宰始肯留真迹。

壮哉昆仑方壶图，挂君高堂之素壁。

巴陵洞庭日本东，赤岸水与银河通，中有云气随飞龙。

舟人渔子入浦溆，山木尽亚洪涛风。

尤工远势古莫比，咫尺应须论万里。

焉得并州快剪刀，剪取吴松半江水。

某日，好友崔明府来访。欣喜的杜甫，甚至有几分郑重。

为了欢迎老友，他打扫了落花的小路，打开了柴门，备好了酒菜。这次相逢后，便有了那首充满生活气息和人情味的《客至》：

舍南舍北皆春水，但见群鸥日日来。

花径不曾缘客扫，蓬门今始为君开。

盘飧市远无兼味，樽酒家贫只旧醅。

肯与邻翁相对饮，隔篱呼取尽余杯。

杜甫的朋友，算得上知交的，寥寥无几。崔明府应该是其中之一，因此杜甫十分珍惜这样的相逢。花草遍地的庭院小路，因为崔明府的到来，细心地扫去尘埃；平日里紧闭的柴门，此时也摆出了迎接的姿势。字里行间，充满了知道朋友即将到访的喜悦。

陶渊明说："过门更相呼，有酒斟酌之。"在这里，杜甫也是同样的心境。可以想见，两位挚友越喝酒意越浓，越喝兴致越高。喝到畅快处，杜甫想起邻家的老翁也喜欢喝酒，于是问客人是否愿意也和他喝几杯，如果肯的话，就隔着篱笆，召唤他过来，把剩下的酒一起喝完。

无须事先约请，随意过从招饮。

真率纯朴的人，才可以这样，不虚伪，不矫饰。

安得广厦千万间

人都喜欢风平浪静的日子。

但若始终无风无雨，生活未免少了些滋味。

有起有落，有晴有阴，这才叫人生。就像，一首歌，总有高低缓急，一幅画，总有浓淡疏密。有起落浮沉，诗词才有平上去入，人生才有离合悲欢。

　　成都固然钟灵毓秀，草堂固然古朴素雅，但杜甫的生活并非总是轻松惬意。上元元年暮春，在杜甫草堂落成前后，朝廷任命原京兆尹李若幽为成都尹、剑南西川节度使，接替裴冕。裴冕离开后，人们对杜甫的接济就渐渐少了。

　　在成都，杜甫有不少纯粹的朋友，但多数自己也过得贫寒。从前，许多人尤其是官场中人，之所以资助他，不过是为了自己的前程，巴结他的朋友裴冕罢了。随着裴冕的调职，这些人必然会疏远清贫的杜甫。那些贫贱相交的朋友，又难以给杜甫实质性的帮助。而杜甫所种的田地，并不能维持一家人的生计。

　　所以，一年多以后，他的生活又再次窘迫起来。

　　不过，至少在上元二年（761）这个春天，他还是悠闲的。

　　他写《江畔独步寻花》，又写《绝句漫兴》。日子不乏诗酒快意。

　　黄师塔前江水东，春光懒困倚微风。
　　桃花一簇开无主，可爱深红爱浅红？

　　黄四娘家花满蹊，千朵万朵压枝低。
　　留连戏蝶时时舞，自在娇莺恰恰啼。

　　二月已破三月来，渐老逢春能几回。
　　莫思身外无穷事，且尽生前有限杯。

　　懒慢无堪不出村，呼儿日在掩柴门。
　　苍苔浊酒林中静，碧水春风野外昏。

看上去，春和景明，繁花似锦。

日子，却在这斜风细雨中，渐渐凌乱了起来。

这年秋天，杜甫在成都的生活也几乎到了最穷困的境地。八月，秋风肆虐，卷走了草堂屋顶上的茅草。风停后，又下了一夜的雨，草堂因为漏雨，几乎没有干燥的地方。就在那个夜晚，他写了首《茅屋为秋风所破歌》。写的是夜雨中的草堂，也是困顿中的自己，更是风雨飘摇中的大唐王朝。

八月秋高风怒号，卷我屋上三重茅。

茅飞渡江洒江郊，高者挂罥长林梢，下者飘转沉塘坳。

南村群童欺我老无力，忍能对面为盗贼。

公然抱茅入竹去，唇焦口燥呼不得，归来倚杖自叹息。

俄顷风定云墨色，秋天漠漠向昏黑。

布衾多年冷似铁，娇儿恶卧踏里裂。

床头屋漏无干处，雨脚如麻未断绝。

自经丧乱少睡眠，长夜沾湿何由彻！

安得广厦千万间，大庇天下寒士俱欢颜！风雨不动安如山。

呜呼！何时眼前突兀见此屋，吾庐独破受冻死亦足！

这就是杜甫，哪怕自己的住处已经如此破烂，生活如此穷困潦倒，他的心中却依旧念着天下受寒的人，希望天下人都能住上可以遮风挡雨的好地方，哪怕自己冻死也心甘情愿。"诗圣"中的"圣"，不仅仅是艺术上的"圣"，更是"圣人"一样的"圣"。宁愿自己受苦，也要换取天下人的温暖，这样的博大胸襟，实在是世间少有的。

《孟子》有言："仁者爱人。"爱人者人恒爱之，杜甫的仁者爱人之心，也受到了后世的爱护。即使几千年后，杜甫的热度依旧不减，成为令人怀念的一代大师。中国现代诗人臧克家为纪念鲁迅逝世十三周年曾写道："有的人活着／他已经死了；有的人死了／他还活着。"杜甫就属于后者，虽然已经逝世许久，但其作品和圣人般悲天悯人的情怀却始终被人怀念，就像还活着一般。千百年后，依旧会有人谈论他的诗，他的一生。

白居易在《新制布裘》中写道："安得万里裘，盖裹周四垠。稳暖皆如我，天下无寒人。"在穿上新制的布裘后，感受到了新衣带来的温暖，因此想到要是大家都有这样的衣服穿，那天下就不会有受冻的人了。虽然也有慈悲之心，但只是推身利以利人，不及杜甫的"宁苦身以利人"。杜甫的胸襟，由此可见一斑。

人们说，在薄情的世界里，深情地活着。

对世界的深情，大概就是历尽风雨沧桑，依旧眷恋山川草木。

依旧，懂得感恩，心怀慈悲。

这年，杜甫五十岁。乐天知命之年，生活仍不如意。他在《百忧集行》中写道："即今倏忽已五十，坐卧只多少行立。强将笑语供主人，悲见生涯百忧集。入门依旧四壁空，老妻睹我颜色同。痴儿未知父子礼，叫怒索饭啼门东。"家徒四壁，日子寒苦，他也就只能自我解嘲了。

万里桥西一草堂，百花潭水即沧浪。

风含翠篠娟娟净，雨裛红蕖冉冉香。

厚禄故人书断绝，恒饥稚子色凄凉。

欲填沟壑惟疏放，自笑狂夫老更狂。

上元二年秋，杜甫前往地处蜀州的青城县。高适在头一年由彭州刺史转任蜀州刺史，杜甫写有《赴青城县出成都寄陶王二少尹》及《奉简高三十五使君》。其后，杜甫又前往唐兴，拜访了王明府（即县令），写有《重简王明府》。

在这些诗里，他写道："客情投异县，诗态忆吾曹。东郭沧江合，西山白雪高。行色秋将晚，交情老更亲。天涯喜相见，披豁对吾真。江云何夜尽，蜀雨几时干。行李须相问，穷愁岂有宽。"大概，杜甫是为了生计而前往这些地方。高适和王县令等人慷慨解囊，杜甫的生活才又有了着落。

这一年前后，关于诗文该质朴还是华丽的争论甚是激烈。魏晋六朝是中国文学由质朴趋向华丽的转变阶段。一些年轻文人走了极端，竟要全盘否定六朝文学，并把攻击的目标指向庾（yǔ）信和初唐四杰。如何评价庾信和四杰，成了当时诗坛论争的焦点。这时期，杜甫创作了《戏为六绝句》，表达了自己的观点，对这群不知深浅的诗坛新贵给予前辈文人的嘲弄，进行了有力的回击和指责。

庾信文章老更成，凌云健笔意纵横。

今人嗤点流传赋，不觉前贤畏后生。

杨王卢骆当时体，轻薄为文哂未休。

尔曹身与名俱灭，不废江河万古流。

不薄今人爱古人，清词丽句必为邻。

窃攀屈宋宜方驾，恐与齐梁作后尘。

上元二年，蜀中并不太平。六月，剑南东川发生叛乱，东川节度副使、梓州刺史段子璋在绵州袭击了节度使李奂，自称梁王。这年接替李若幽任西川节度使的崔光远，率领属将花敬定攻克绵州，斩杀段子璋，平复了叛乱。

花敬定仗着自己平叛有功，攻占绵州之后，大肆劫掠，过起了奢侈享乐的生活。崔光远因为无法禁止兵将抢劫，以至于几千百姓被残害，唐肃宗下诏派监军调查他的罪状，他因此忧虑而死。在此背景上，杜甫作诗《戏作花卿歌》和《赠花卿》两首。后者具有一定的讽刺意味。

锦城丝管日纷纷，半入江风半入云。

此曲只应天上有，人间能得几回闻。

在封建社会里，礼仪制度极为严格，即使音乐，也有异常分明的等级界限。据《旧唐书》记载，唐朝建立后，高祖李渊命太常少卿祖孝孙规定大唐的礼乐制度："皇帝临轩，奏太和；王公出入，奏舒和；皇太子轩悬出入，奏承和……"

这些条分缕析的乐制都是当朝的成规定法，稍有违背，就是混乱纲常，大逆不道。花敬定居功自傲，放纵士卒大肆劫掠，又目无朝廷，越级使用天子音乐。杜甫写下这首诗，表面上赞扬歌曲的美妙，实际是对花敬定的讽刺。

这年十二月，朝廷派严武为成都尹，兼剑南两川节度使。三年前，严武被贬为巴州刺史，后来进入京城当了太子宾客，兼任御史中丞。严武到成都之前，由高适暂为代理两川的事情。严武和高适，都是杜甫的至交好友。他们来到成都，对杜甫来说，的确是一个大大的好消息。

那个冬天，高适在成都只停留了不到两个月，却是杜甫草堂的常客。十几年前，他们同游梁宋，诗酒酬唱，甚是畅快。如今，在成都，在杜甫草堂，两人都已苍老，情怀却依旧如初。

往往是高适携酒前来，尽兴而回。

尽管，杜甫并无好菜招待，高适也不介怀。

只是，倾谈之间，少了些快意，多了些感慨。

卧病荒郊远，通行小径难。故人能领客，携酒重相看。

自愧无鲑菜，空烦卸马鞍。移樽劝山简，头白恐风寒。

想必，一起喝酒的时候，他们也会说起李白——那个风姿卓然的诗人。而此时，李白在安徽当涂养病。从前那些把酒高歌、纵意人间的日子，他也时常忆起，旷逸如他，也不免感叹人生匆忙。

忆起李白，杜甫很是伤感，写了首《不见》。

不见李生久，佯狂真可哀。世人皆欲杀，吾意独怜才。

敏捷诗千首，飘零酒一杯。匡山读书处，头白好归来。

世人对李白总是多有指摘，说他狂傲，说他不羁，说他放旷。

但在杜甫心中，李白的才情与性情，都是举世无双的。

他永远是那个天子呼来不上船的谪仙人。

杜甫多么希望，李白能来到成都，续写知交诗酒情谊。

但很可惜，他的愿望落空了。次年，李白就因为病重，在当涂离世。

情谊未曾冷去，人已两不相知。

红尘相见，一别即是天涯。

此生那老蜀

杜甫的生活，再次回归平静。宝应元年（762）初，严武来到成都，担任成都尹兼两川节度使。显然，他与杜甫的交情，不是之前的裴冕等人可比的。可以说，只要他还是成都尹，杜甫一家就绝不会挨饿受冻。他向来欣赏杜甫的才华，如今身在成都，很快就成了草堂的常客，与杜甫把酒唱和，纵论世事风云。

那时候，严武时常带着几个亲信，来到浣花溪畔。卸下无聊的公务，悄然前来，敲开草堂门扉。他知道杜甫生活贫寒，所以总是带着酒来。杜甫也十分欢迎他的到访。在《严公仲夏枉驾草堂，兼携酒馔》一诗中，杜甫记录了严武的到访以及他们浅酌低吟的场景。

竹里行厨洗玉盘，花边立马簇金鞍。

非关使者征求急，自识将军礼数宽。

百年地辟柴门迥，五月江深草阁寒。

看弄渔舟移白日，老农何有罄交欢。

偶尔，杜甫也会受严武的邀请前往参加宴会。一次，他去参加府尹厅宴会，观看了《蜀道画图》，即兴赋诗，题为《严公厅宴，同咏蜀道画图，得空字》。

日临公馆静，画满地图雄。剑阁星桥北，松州雪岭东。
华夷山不断，吴蜀水相通。兴与烟霞会，清樽幸不空。

杜甫也会为严武出谋划策。某年从冬天到春天，连续几个月没有下雨，也没有下雪，成都旱情严重。杜甫写了篇《说旱》，建议严武亲自审讯监狱里的囚犯，除了重犯，其他的都予以释放。儒家素来有"天人感应"的说法，如果发生灾祸，便可能是上天对朝堂官府的警告。深受儒家思想影响的杜甫也有这种看法，因此写了这篇文章。

严武是否听从了杜甫的建议，我们不得而知。

但巧合的是，不久之后，成都真的下了一场大雨。杜甫写诗表达了喜悦。

南国旱无雨，今朝江出云。入空才漠漠，洒迥已纷纷。
巢燕高飞尽，林花润色分。晚来声不绝，应得夜深闻。

这年的春社日，杜甫出游，与农人把酒闲谈，一位农民对严武赞赏有加。杜甫写诗记载了此事，题为《遭田父泥饮美严中丞》。

其中写道"感此气扬扬，须知风化首"，盛赞严武的爱民之心。

严武面临治理旱灾的困难，杜甫用平生所学为他出主意，听到有人夸赞严武，杜甫也十分开心。他们之间的友谊平淡而温馨，是好友，也是平生知己。

不知不觉已是夏天。这样清雅的日子，突然间画上了句号。

这年四月，玄宗离世。缔造了开元盛世的一代帝王，最终归入尘土。睿智也好，昏庸也罢，皆已作了云烟。似乎，在那个混乱的年代，他的离世并未掀起多少风尘。

倒是高力士做到了最后的忠诚。曾经，他权倾朝野，备受玄宗倚重，两年前被李辅国设计陷害，流放黔（qián）中道。这年三月遇到天下大赦，在回长安的路上，听闻玄宗已经驾崩的他，北望号啕痛哭，吐血而死。皇帝念他已经是高龄，曾护卫先帝，追赠其为扬州大都督，陪葬于泰陵。后来，因为这份忠诚，高力士被誉为"千古贤宦第一人"。

玄宗离世还不到半个月，肃宗也驾崩了。李豫继位，即唐代宗。七月，严武被召回京，入为太子宾客，迁京兆尹兼御史大夫，杜甫以诗相赠，即《奉送严公入朝十韵》。严武再受重用，也让杜甫重新起了回长安的念头。

鼎湖瞻望远，象阙宪章新。四海犹多难，中原忆旧臣。

与时安反侧，自昔有经纶。感激张天步，从容静塞尘。

南图回羽翮，北极捧星辰。漏鼓还思昼，宫莺罢啭春。

空留玉帐术，愁杀锦城人。阁道通丹地，江潭隐白苹。

此生那老蜀，不死会归秦。公若登台辅，临危莫爱身。

显然，与这个性情投合的朋友作别，杜甫很是不舍。

毕竟，天南地北，谁也不知道何时方能重逢。

杜甫一直将严武送到了绵州，两人在绵州附近的奉济驿分手。临别时，杜甫再次赠诗《奉济驿重送严公四韵》。落寞之情，溢于言表。或许，笑着挥手作别。回头的时候，已是老泪纵横。

远送从此别，青山空复情。几时杯重把，昨夜月同行。

列郡讴歌惜，三朝出入荣。江村独归处，寂寞养残生。

江村独归处，寂寞养残生。

明明是夏日，却分明满地凄清。

事实上，就连独归，也在突然间成了奢望。

严武刚离开成都，蜀中便发生了叛乱。剑南兵马使徐知道宣布自己为成都尹兼剑南节度使，并且勾结邛（qióng）州兵占据西川，扼守剑阁，堵住了通往京城长安的道路，严武直到九月才抵达长安。八月，徐知道被其部将李忠厚所杀，叛乱才被平息。尽管如此，被叛军大肆劫掠后的成都城，比从前萧条了许多。

与此同时，外面的世界，大唐的河山仍在动荡。

上元二年（761）三月，叛军发生内讧（hòng），史思明被儿子史朝义所杀，内部离心，屡次被唐军打败。宝应元年（762）十月，代宗长子李适为兵马大元帅，统兵进军洛阳。

唐军与回纥（hé）军分兵夹击叛军，取得大胜，史朝义率领数百轻骑向东逃走，唐军攻占洛阳城。骄横跋扈的回纥士兵在洛阳城里肆意杀掠，死者不计其数。几个月后，幸存者仅能将纸作为衣服，可想而知，当时百姓的生活有多么艰难。次年春，史朝义缢死，他的部将纷纷投降。

历时八年的安史之乱，终于结束了。

对大唐来说，这是一场空前的浩劫，对洛阳来说，更是一次灭顶之灾。安禄山在洛阳称帝，建立所谓的燕朝，在安史之乱中，各路军队在洛阳展开对决，当地战乱频繁，民不聊生。安史之乱结束后，这个在武则天时期曾被称为"神都"的地方，已经成了一座荒凉的古城。

根据《旧唐书·郭子仪传》记载，安史之乱后，洛阳的宫室被大量焚烧，十不存一，各地的官署也基本都荒废了，全城不满一千户人家，村镇如同废墟，豺狼整日在上面嗥叫。城中既缺乏军力，又缺乏人力。东至郑州汴州，南邻徐州，北至怀州、卫州和相州，荒无人烟，千里萧条。

就像杜甫在诗中所写的那样："我里百余家，世乱各东西。"

不仅如此，安史之乱对唐朝和整个中国文明都有重大影响。唐朝从此由盛转衰，并且陷入了藩镇割据的苦恼中，中央和地方时常发生冲突，国家的政治局面难以稳定，大唐盛世一去不复返。而对中国文化来说，安史之乱后，大唐国力渐渐衰弱，原本那种开放、自信、包容的扩张外向型文明逐渐向保守内敛型转变，也由此影响了中国文化的走向。

之后的唐朝，陷入一个无法摆脱的怪圈中。藩镇割据出现并日渐强大，中央想要收服地方，就需要发动战争，战争造成劳动力严重不足，使得统治阶级不得不增加税收，百姓受到的压榨更加深重，阶级矛盾日益尖锐，农民起义也时有发生。所以唐朝的中晚期一直都不是很稳定。

另外，经过安史之乱，唐王朝也失去了对周边地区少数民族的控制。战乱时期，唐王朝将陇右、河西、朔方一带的重兵都调遣进了内地，西边的吐蕃人乘虚而入，攻占了陇右、河西走廊。后来，唐王朝彻底失去了西域安西北庭，从此内忧外患，朝不保夕。

蜀中发生叛乱后，杜甫从绵州离开，去了梓州。秋天，他回到成都，将家人也接到了梓州。听闻唐军收复黄河南北等地，写了首《闻官军收河南河北》，掩不住的欣喜若狂。

剑外忽传收蓟北，初闻涕泪满衣裳。

却看妻子愁何在，漫卷诗书喜欲狂。

白日放歌须纵酒，青春作伴好还乡。

即从巴峡穿巫峡，便下襄阳向洛阳。

这首诗的末尾注云："余田园在东京。"

没错，遥远的洛阳，是他最牵挂的地方。

战乱之后，他心想着，许多亲属会回到洛阳。所以，他也有回归故地的愿望。他甚至在诗中描绘了归去的路线：沿涪（fú）水而下，转入嘉陵江，到达巴郡（今重庆），然后顺长江而下，过三峡，到达江陵，从这里北行到襄阳，再到南阳，最后到洛阳。不过，大概是因为缺乏旅费，最终还是没有去成。

此后，他将家人安顿在梓州，自己则游走于梓州、绵州、阆州等地，偶尔寻访名胜古迹，偶尔携友同游。不过，大部分时间，他仍在为生计奔波。

广德元年（763）暮春时节，杜甫从梓州送朋友到绵州，又从绵州到汉州。他的老友房琯曾在汉州担任刺史，但此时已被任命为刑部尚书，离开汉州去了长安。杜甫只好一个人去房公湖泛舟游玩，喝着酒，写几首诗，百无聊赖。

房相西亭鹅一群，眠沙泛浦白于云。

凤凰池上应回首，为报笼随王右军。

这首诗用了王羲之的典故。相传山阴有一位道士，很喜欢王羲之的书法，想求王羲之为他写一本《黄庭经》。但王羲之声名远播，道士担心他不答应。后来，经多方打听，道士了解到王羲之非常喜欢鹅，就特地养了一群鹅，以便见机行动。

一天，王羲之坐船路过山阴，道士听到这个消息，便把那群鹅赶到王羲之要经过的地方。王羲之看见鹅群后，十分喜爱，舍不得离开。于是，道士如愿以偿，以这群鹅换得了王羲之手写的《黄庭经》。这就是后来人们所说的"书成换白鹅"的故事。

杜甫喜欢鹅，也喜欢书法。所以，在湖上看到了房琯所养的鹅，心生怜爱，便自比王羲之，有以书换鹅的雅兴。这首诗仿佛在说"山阴道士，鹅已送我，千万别后悔"，颇有得了便宜卖乖的意思。只可惜，房琯已然离去。书成换鹅，不过是杜甫的自娱自乐。

事实上，房琯走到阆州，便因病无法前行了，八月在寺院去世。九月，杜甫去往阆州吊唁（yàn）故友。他写了篇《祭故相国清河房公文》，对当年上疏救房琯触怒肃宗这件事依旧耿耿于怀。他说："伏奏无成，终身愧耻。"

只不过，昔人已去，与这世界再无瓜葛。

回首之际，往事凋落，成了尘。

蓦然，了无声响。

嗜酒爱风竹，卜居必林泉

从宝应元年（762）秋至广德二年（764）春，杜甫一直往来于梓州、阆州、绵州等地。在唐代，绵州和梓州属于剑南东道，阆州属于山南西道，前者和涪（fú）城、射洪、通泉等县都临近涪水，后者则被阆水（今嘉陵江上游）环绕。这一带山水秀丽，景色宜人，杜甫虽是为了避乱在各地游走，却也有流连佳景的时候。

这段时间，他写了不少山水诗。比如"远水非无浪，他山自有春"，比如"日出寒山外，江流宿雾中"，比如"花远重重树，云轻处处山"，比如"花浓春寺静，竹细野池幽"。无论是登上绵州越王楼，还是路过涪城香积寺官阁，他都有写诗记事。

楼下长江百丈清，山头落日半轮明。

君王旧迹今人赏，转见千秋万古情。

寺下春江深不流，山腰官阁迥添愁。

含风翠壁孤云细，背日丹枫万木稠。

小院回廊春寂寂，浴凫飞鹭晚悠悠。

诸天合在藤萝外，昏黑应须到上头。

所有胜景幽境，归结为这样两句："一川何绮丽，尽目穷壮观。"

而我们，则在那赏景之人开阔的胸怀里，读出了感叹。他说，"圣朝无弃物，老病已成翁"；他说，"多少残生事，飘零任转蓬"；他说，"飘零为客久，衰老羡君还"。

终究，飘零尘世，人如飞蓬。

风景再好，画面再美，他也只是个过客。

蜀中叛乱平复后，广德元年初，高适担任成都尹兼西川节度使，梓州刺史章彝兼任东川节度使。章彝曾是严武的下属，基于这层关系，他对杜甫很是照顾。对于携家眷漂泊的杜甫来说，这当然是好事。只是，杜甫不得不随章彝参加各种饮宴，或者外出游赏打猎，甚至还要陪他迎送来往的客人。杜甫讨厌这些无聊的应酬，却也不好拒绝。

这期间，杜甫写了不少陪宴和送别的诗，大都是为了应酬而写的，索然无味。事实上，在绵州、阆州等地，与官府的人相处，杜甫也是同样的遭遇。他不喜欢随波逐流，更厌恶仰人鼻息，但是为了全家人的衣食，不得不勉强应付。某次饮宴后，他觉得很是苦闷，在诗中写道：

常恐性坦率，失身为杯酒。近辞痛饮徒，折节万夫后。
昔如纵壑鱼，今如丧家狗。既无游方恋，行止复何有。

"昔如纵壑鱼，今如丧家狗"，很显然，杜甫对这种生活十分厌倦。

人在江湖，身不由己。很多时候，我们做不了生活的主，只能在强颜欢笑的时候，依旧保持自己的初心。

　　有时候，杜甫会远离官场纷扰，一个人静下来，流连风景，凭吊先贤。他到梓州射洪县，寻访了陈子昂的故居。陈子昂字伯玉，是初唐诗文革新人物之一，因曾经担任右拾遗，后世称其为"陈拾遗"。青少年时的陈子昂轻财好施，慷慨任侠，二十四岁考中进士，被授予麟台正字的官职，后来升任右拾遗，直言敢谏，两次从军边塞，对边防颇有些远见。最后，他被朝廷权臣武三思陷害，冤死狱中。他是杜甫祖父杜审言的好友。

　　依稀可见，悠悠天地间，仍有那个独自怆然的身影。

　　感慨着，叹息着，杜甫写诗遥寄远方的拾遗：

拾遗平昔居，大屋尚修椽。悠扬荒山日，惨淡故园烟。
位下曷足伤，所贵者圣贤。有才继骚雅，哲匠不比肩。
公生扬马后，名与日月悬。同游英俊人，多秉辅佐权。
彦昭超玉价，郭震起通泉。到今素壁滑，洒翰银钩连。
盛事会一时，此堂岂千年。终古立忠义，感遇有遗篇。

　　之后，杜甫来到射洪以南六十里的通泉，凭吊郭元振。

　　郭元振出身进士，性情落拓不羁，喜好劫富济贫。武后听说之后，将其召入洛阳。郭元振呈上自己所写的《宝剑篇》，武则天看完后大加赞赏，让学士李峤等人进行传阅，并任命郭元振为右武卫铠曹参军，后又进封奉宸监丞。在担任凉州都督期间，郭元振加强边防，拓展疆域，大兴屯田，使凉州地区得以安定和发展，后来又兼任安西大都护。

　　唐睿宗继位后，郭元振历任太仆卿、吏部尚书，又加封兵部尚书、同中书门下三品，晋爵馆陶县男。唐玄宗开元初，郭元振再次拜相，并辅助唐玄宗诛杀太平公主，兼任御史大夫，进封代国公。杜甫对他颇为景仰，在《过郭代公故宅》中写道："壮公临事断，顾步涕横落。精魄凛如在，所历终萧索。高咏宝剑篇，神交付冥漠。"

在通泉县，杜甫还观赏了县署薛稷留下的壁画。薛稷工于书法，师承虞世南，与褚遂良、欧阳询、虞世南并列为初唐四大书法家，善于绘画，擅长画人物、佛像、树石、花鸟，尤其精于画鹤。可惜没有作品传世。杜甫诗云："少保有古风，得之陕郊篇。惜哉功名忤，但见书画传。"

那两年，杜甫也结交了不少朋友。

不过，大都只是忽然的相遇，谈不上相知，更谈不上肝胆相照。

萍水相逢，尽是他乡之客。离别之时，难免感伤。

童稚情亲四十年，中间消息两茫然。

更为后会知何地，忽漫相逢是别筵。

不分桃花红似锦，生憎柳絮白于绵。

剑南春色还无赖，触忤愁人到酒边。

漂泊久了，人总会有归去的心思。

只是，山高水长，所谓归途，往往太遥远。

可以肯定的是，无论身在何处，他总会想起成都的草堂，想起浣花溪畔的散淡日子。他写了首《寄题江外草堂》，清楚地记述了修建草堂的始末，以及不得已离开草堂的原因。甚至，他还始终惦记着草堂前的四棵小松树。因为眷恋，每逢朋友去成都，他都要嘱咐对方前去看看他的草堂。

我生性放诞，雅欲逃自然。嗜酒爱风竹，卜居必林泉。
遭乱到蜀江，卧病遣所便。诛茅初一亩，广地方连延。
经营上元始，断手宝应年。敢谋土木丽，自觉面势坚。
亭台随高下，敞豁当清川。惟有会心侣，数能同钓船。
干戈未偃息，安得酣歌眠。蛟龙无定窟，黄鹄摩苍天。
古来贤达士，宁受外物牵。顾惟鲁钝姿，岂识悔吝先。
偶携老妻去，惨淡凌风烟。事迹无固必，幽贞贵双全。
尚念四小松，蔓草易拘缠。霜骨不堪长，永为邻里怜。

对于杜甫来说，漂泊是常态，他早已习惯。不过有件事，让人觉得蹊跷。那就是，既然老友高适继任成都尹兼西川节度使，杜甫为什么不回成都，而是始终四处游走。从广德元年秋杜甫的阆州之行，可以看出一些端倪。

这年七月，吐蕃攻陷陇右，又联络杂居陇右的吐谷（yù）浑、党项羌，越过陇山，九月攻陷泾州，十月攻陷邠（bīn）州，继而进犯长安。朝廷无力抵挡，代宗在仓皇中逃往陕州，吐蕃占领长安，大肆劫掠，惨象堪比安史之乱的时候。同时，蜀郡西北部的松州、维州、保州等军事重镇被包围，高适难以抗衡，终于全部陷落。

九月，杜甫来到阆州，祭奠了故友房琯，又在阆州刺史处逗留数日，并为之代笔，起草了呈给皇帝的奏表《为阆州王使君进论巴蜀安危表》。在这份奏表里杜甫表达了自己对巴蜀军事战略的看法。

他说，巴蜀三镇已经失陷，朝廷应派得力的人来驻守，派经验丰富的老臣来主持军政大计。另外他还说，应将东川与西川合并来管理。这样的建议，矛头直指高适，意思就是觉得高适打仗不行，并希望朝廷换人。实际上，当时的人们也讥讽高适内战内行（他在担任淮南节度使的时候，曾率兵平定永王李璘之乱），外战外行。

或许，杜甫曾向高适提出建议，却未被采纳，两人因此有了隔阂。于是，杜甫宁愿漂泊各地，也不愿回成都。不过，这只是猜测，事情的真相究竟如何，无人知晓。

不久之后，杜甫收到家信，得知女儿生病，便回到了梓州。他在《发阆中》一诗中写道："女病妻忧归意速，秋花锦石谁复数。别家三月一得书，避地何时免愁苦。"

所幸，女儿并无大碍。杜甫又想起了他的草堂，于是派弟弟杜占前往成都照看草堂。至于杜占是什么时候来到蜀中的，我们不得而知。在他回成都之前，杜甫认真嘱咐：

久客应吾道，相随独尔来。孰知江路近，频为草堂回。
鹅鸭宜长数，柴荆莫浪开。东林竹影薄，腊月更须栽。

对杜甫，对我们，成都草堂都是个诗意的所在。
这里，没有洛阳的热闹，没有长安的繁华。
却存放着一段轻描淡写的日子。

第六卷

≫

蘡城迟暮

一襄烟雨，万里风尘。

终于，我们将自己走成了天涯。

路过的人们一如我们自己，无声感叹：岁月无岸，行者无疆。

重回草堂

杜甫还在路上。每一步，都像是天涯。

幸好，生命足够丰盛，经得起苦楚和寂寞。

对于吐蕃的进犯，家国黎民所遭受的苦难，杜甫一直忧心忡忡。他写了不少诗，诸如《述古三首》《有感五首》《警急》《王命》《西山三首》《征夫》等等。他说，"白骨新交战，云台旧拓边。乘槎断消息，无处觅张骞"；他说，"莫取金汤固，长令宇宙新。不过行俭德，盗贼本王臣"；他说，"领郡辄无色，之官皆有词。愿闻哀痛诏，端拱问疮痍"；他说，"十室几人在，千山空自多"。

广德二年（764）初，杜甫写了《伤春五首》。

长安失陷，河山飘摇，他忧心如焚。

日月还相斗，星辰屡合围。不成诛执法，焉得变危机。
大角缠兵气，钩陈出帝畿。烟尘昏御道，耆旧把天衣。
行在诸军阙，来朝大将稀。贤多隐屠钓，王肯载同归。

再有朝廷乱，难知消息真。近传王在洛，复道使归秦。

夺马悲公主，登车泣贵嫔。萧关迷北上，沧海欲东巡。
敢料安危体，犹多老大臣。岂无嵇绍血，沾洒属车尘。

闻说初东幸，孤儿却走多。难分太仓粟，竞弃鲁阳戈。
胡虏登前殿，王公出御河。得无中夜舞，谁忆大风歌。
春色生烽燧，幽人泣薜萝。君臣重修德，犹足见时和。

在这些诗里，有对吐蕃人挑起战争的谴责，有对朝廷羸（léi）弱无能的悲哀，有对百姓流离失所的痛心。当然，还有他对抵御入侵力挽狂澜的建议。可惜，河山万里，一片狼藉，他即使声嘶力竭，终是无人听见。

那年初，本已处于半归隐状态的郭子仪再度出山，收拢大唐军队，以智取胜，将吐蕃军队逐出了长安。不久之后，代宗还朝，郭子仪到浐（chǎn）水迎接。代宗羞愧地说："因为我没有早点用你，所以才到了这种地步啊。"不过，在杜甫写《伤春五首》的时候，这些消息还没有传到蜀中。

想必是由于严武或者杜甫其他朋友的力荐，广德二年春，朝廷召杜甫为京兆功曹。不过，尽管京兆功曹的品阶高于他从前担任的所有官职，但是杜甫并没有前往赴任。大概，是因为朝廷的昏暗和软弱，让杜甫太失望。反正，他不愿去长安，而是计划乘舟东下。那段时间，他写了两首《忆昔》。

忆昔先皇巡朔方，千乘万骑入咸阳。阴山骄子汗血马，长驱东胡胡走藏。邺城反覆不足怪，关中小儿坏纪纲，张后不乐上为忙。

至今今上犹拨乱，劳心焦思补四方。我昔近侍叨奉引，出兵整肃不可当。为留猛士守未央，致使岐雍防西羌。犬戎直来坐御床，百官跣足随天王。愿见北地傅介子，老儒不用尚书郎。

忆昔开元全盛日，小邑犹藏万家室。稻米流脂粟米白，公私仓廪俱丰实。九州道路无豺虎，远行不劳吉日出。齐纨鲁缟车班班，男耕女桑不相失。宫中圣人奏云门，天下朋友皆胶漆。百余年间未灾变，叔孙礼乐萧何律。岂闻一绢直万钱，有田种谷今流血。洛阳宫殿烧焚尽，宗庙新除狐兔穴。伤心不忍问耆旧，复恐初从乱离说。小臣鲁钝无所能，朝廷记识蒙禄秩。周宣中兴望我皇，洒血江汉身衰疾。

从前，河清海晏，八方来朝。

现在，江山动荡，战乱不休，生灵涂炭。

不过数十年，开元盛世便已凋谢，只剩满地尘埃。

杜甫希望，天子能够重拾雄心壮志，中兴大唐，抚慰黎民。如此，对他坐拥的万里河山和屡遭战乱侵凌的黎民，才算有个交代。然而，大唐中兴看上去却遥遥无期。安史之乱后，唐朝再也没有了盛世的气象；长安，也不再是从前那个明媚的地方。

在《奉寄别马巴州》中，他这样写道："勋业终归马伏波，功曹非复汉萧何。扁舟系缆沙边久，南国浮云水上多。独把鱼竿终远去，难随鸟翼一相过。"

在很长一段时间里，杜甫追求功名利禄，追求青云直上，为了一官半职，四处投谒拜访别人，后来为了家人的生活，也曾在一个小官职上委屈自己。但是现在，他忽然明白，只有在千里烟波中，诗人的真性情才能得到彻底释放，而不是在乌烟瘴气的地方委曲求全。

这年春天，杜甫将妻子儿女带到了阆州，打算从阆水入嘉陵江，至渝州东下。不过，还没有出发，杜甫就听到一个消息，严武再次被任命为成都尹兼剑南东西两川节度使。故人重来，杜甫自然喜不自胜，因此，他又带着妻儿回到成都，回到熟悉的草堂。有诗《奉侍严大夫》可以为证：

> 殊方又喜故人来，重镇还须济世才。
> 常怪偏裨终日待，不知旌节隔年回。
> 欲辞巴徼啼莺合，远下荆门去鹢催。
> 身老时危思会面，一生襟抱向谁开。

离开阆州之前，杜甫还去了房琯的墓前，跟长眠于此的老友告别。

暮春，草堂以丛生的荒草，迎接了兴冲冲归来的杜甫。

流水断桥芳草，淡云微雨养花。扫去了尘埃和枯枝败叶，仔细修整一番，沉寂许久的草堂，又恢复了往日的疏朗清淡。忙碌结束，和煦的春风里，杜甫坐了下来，一杯茶，一卷书，怡然自得，恍如从前。一首《春归》，满纸惬意。

> 苔径临江竹，茅檐覆地花。别来频甲子，归到忽春华。
> 倚杖看孤石，倾壶就浅沙。远鸥浮水静，轻燕受风斜。
> 世路虽多梗，吾生亦有涯。此身醒复醉，乘兴即为家。

不过，虽然生活闲散，杜甫依旧关注着蜀中的局势。

他写下《草堂》，对好友严武提出忠告，言辞沉痛而恳切。这首诗很长，以草堂去来始末为线，前半篇追叙成都遭受徐知道叛乱的情况，希望严武注意国家的治乱，以及人心的走向，后半篇则劝告严武居安思危，个人成败事小，蜀中安危事大。

在沉痛悲愤之余，杜甫还向严武表明了"饮啄愧残生，食薇不敢余"的态度。同时，又通过对叛乱之初的回忆，提出了若干值得严武思考的问题，目的都在促使严武早日警醒，取长补短，让蜀地重归太平安稳。

昔我去草堂，蛮夷塞成都。今我归草堂，成都适无虞。
请陈初乱时，反覆乃须史。大将赴朝廷，群小起异图。
中宵斩白马，盟歃气已粗。西取邛南兵，北断剑阁隅。
布衣数十人，亦拥专城居。其势不两大，始闻蕃汉殊。
……
不忍竟舍此，复来薙榛芜。入门四松在，步屧万竹疏。
旧犬喜我归，低佪入衣裾。邻舍喜我归，沽酒携胡芦。
大官喜我来，遣骑问所须。城郭喜我来，宾客隘村墟。
天下尚未宁，健儿胜腐儒。飘飖风尘际，何地置老夫。
于时见疣赘，骨髓幸未枯。饮啄愧残生，食薇不敢余。

严武这个人，史书评价并不高。《旧唐书》对他多有指责，认为他在蜀地任职多年，行为放纵，推行严苛的政治，做事任性，并且穷奢极欲，生活奢靡，赏赐无度，向老百姓征收重税，以至民力枯竭。

对于严武的这些毛病，杜甫是知道的。他生性率真，心中有话便想说出来，而且严武是他的好友，就更要尽到做朋友的本分。即使明白严武生性倨傲，可能并不会采纳他的建议，还是坚持劝告。也许严武有时会听得不开心，但这并不影响两人的深厚情谊。

闲暇的时候，两川节度使依旧会拿着酒前来，与诗人在草堂对饮。

他们之间，没有高低贵贱，没有世俗庸常。

只有，一帘月，一窗风。醉意朦胧。

强移栖息一枝安

这个春天，杜甫寻回了闲趣。日子如旧，时光如诗。

戴叔伦有首《暮春感怀》："四十无闻懒慢身，放情丘壑任天真。悠悠往事杯中物，赫赫时名扇外尘。短策看云松寺晚，疏帘听雨草堂春。山花水鸟皆知己，百遍相过不厌贫。"其中的散淡悠闲，正是此时的杜甫所拥有的。

看云听雨，煮酒写诗，潇洒意趣。

不过，无论如何，杜甫的心中始终忘不了家国社稷。边境依旧纷乱，朝廷内外交困，蜀中还有大片土地被吐蕃占据着，他无法让自己只沉醉于云山诗酒。某天，他登楼远眺，看见无边的春色美景，又想到人间经历的各种艰难，于是写下一首《登楼》：

花近高楼伤客心，万方多难此登临。

锦江春色来天地，玉垒浮云变古今。

北极朝廷终不改，西山寇盗莫相侵。

可怜后主还祠庙，日暮聊为梁父吟。

伫立高楼，徘徊沉吟。苍茫暮色中，城南先主庙、后主祠依稀可见。远方的万里河山，在暮色中凄迷而动荡。唐代宗李豫重用宦官程元振、鱼朝恩，造成国事艰难、吐蕃入侵的局面，甚至还被迫逃离长安，实在令人感慨。杜甫空怀济世之心，苦无献身之路，万里他乡，高楼落日，忧虑满怀，也只能靠吟诗聊以自遣。

对于朝廷，对于皇帝，他很是失望。

但他又相信，无论怎样风雨飘摇，大唐王朝终会如山一般屹（yì）立不倒。

广德二年（764）六月，经由严武奏请，朝廷授予杜甫节度使署中参谋、检校工部员外郎的官职，赐绯鱼袋。也就是说，此时的杜甫，不仅是剑南节度使的幕僚，还是朝廷的检校工部员外郎，为六品官职；至于绯鱼袋，则是一种荣誉勋章。这年七月，代宗下令"税天下地亩青苗钱，给百官俸禄"。检校工部员外郎虽然是虚衔，但至少是六品官，加上严武的关系，应该算是一个比较好的职位了。

作为幕僚，杜甫尽其所能，在蜀中建设、征讨吐蕃等事情上，给严武提了不少建议。比如，上任之初，他就写了篇《东西两川说》，指出了此前军事失利的原因，以及改进的方法。

七月，严武率兵西征。九月，击破吐蕃七万余人，拿下了当狗城（今四川理县西南），十月又拿下盐川城（今甘肃漳县西北）。同时，他派遣汉川刺史崔旰（即崔宁）在西山追击吐蕃，将疆域拓展了数百里，与郭子仪在秦陇一带的主力互相配合，终于击退了大举入侵的吐蕃，保卫了西南边疆。征战途中，严武写下了记述这次战争的《军城早秋》一诗:"昨夜秋风入汉关,朔云边月满西山。更催飞将追骄虏,莫遣沙场匹马还。"

跃马关山,饮血天涯,这就是严武。

但是,在杜甫草堂,他又是个温文尔雅的儒士。

每个人的心底,总有个温暖之处,一隅花开,满城春色。

战争结束后,严武回到了成都。现在,由于杜甫就是他门下的幕僚,严武便无须前往草堂。他们就在府中,煮酒围炉,吟诗论文,偶尔纵论天下,偶尔闲话古今,仍是畅快淋漓。

尽管如此,杜甫还是渐渐厌倦了幕府的生活。首先,作息单调,生活呆板,每天清晨便要入府办公,夜晚才能结束,与草堂悠闲的日子相比,实在太过乏味;其次,幕府人事驳杂,虽不像朝廷那样血雨腥风,却也是暗流涌动,少不了尔虞我诈。心性单纯的杜甫,勉强在其中周旋。幕府里的其他幕僚,大概是出于嫉妒和猜疑,对他并不友好。可以肯定,他过得并不愉快。

当然,杜甫与同僚相处不融洽,也有其自身的原因。

他虽然有旷世才华,却也因此心高气傲。而且,据史书所载,杜甫性情狭隘急躁,被许多人指摘。比如,《旧唐书》说"甫性褊(biǎn)躁,无器度,恃恩放恣",《新唐书》也说他"褊躁傲诞"。此外,《新唐书·杜甫传》还说他"旷放不自检,好论天下大事,高而不切",也就是生活上不拘小节,好论天下大事,却往往只是高谈阔论,说不到重点。

说到底,杜甫只是个诗人。生活中的横平竖直,人际关系中的真假虚实,他并不能像那些惯于逢迎的人一样,游刃有余地应付。事实上,正好相反,他处理得率直而简单。与至交好友相处,这样无可厚非。但在官场，这样的性格却难免被人嘲讽和疏离。

在他的《莫相疑行》一诗中，对幕府里互相猜疑和攻击的实情有所提及，也表达了自己的无奈，他说："晚将末契托年少，当面输心背面笑。寄谢悠悠世上儿，不争好恶莫相疑。"在此类诗中，格调最悲哀的莫过于《宿府》：

清秋幕府井梧寒，独宿江城蜡炬残。

永夜角声悲自语，中天月色好谁看。

风尘荏苒音书绝，关塞萧条行路难。

已忍伶俜十年事，强移栖息一枝安。

秋风四起，梧桐叶落。

月下的人间，早已不是从前的模样。

十年风尘零落，终有栖身之所，却何尝不是另一种漂泊。

夜深，思量前尘往事，叹息声沦落在秋风里，无人听见。

另外，官场事务繁杂，杜甫的身体越来越难以支撑。以前他除了疟疾，还患过肺病，此时又添了风痹的病症，坐得久了，四肢便会感到麻痹。在《遣闷奉呈严公二十韵》中，他说自己已经年老体弱，又不能妥善处理与同僚的关系，表达了离开幕府、回归田园生活的愿望。

白水鱼竿客，清秋鹤发翁。胡为来幕下，只合在舟中。

黄卷真如律，青袍也自公。老妻忧坐痹，幼女问头风。

平地专欹倒，分曹失异同。礼甘衰力就，义忝上官通。

畴昔论诗早，光辉仗钺雄。宽容存性拙，剪拂念途穷。

露裛思藤架，烟霏想桂丛。信然龟触网，直作鸟窥笼。

西岭纤村北，南江绕舍东。竹皮寒旧翠，椒实雨新红。

浪簸船应坼，杯干瓮即空。藩篱生野径，斤斧任樵童。

束缚酬知己，蹉跎效小忠。周防期稍稍，太简遂匆匆。

晓入朱扉启，昏归画角终。不成寻别业，未敢息微躬。

乌鹊愁银汉，驽骀怕锦幪。会希全物色，时放倚梧桐。

深秋，弟弟杜颖从齐州前来探望，几日后离开了成都。

杜甫为之送别，写了《送舍弟颖赴齐州三首》，十分伤感。他说，"此行何日到，送汝万行啼。绝域惟高枕，清风独杖藜"；他说，"风尘暗不开，汝去几时来。兄弟分离苦，形容老病催"；他说，"短衣防战地，匹马逐秋风。莫作俱流落，长瞻碣石鸿"。

从广德二年（764）冬天开始，杜甫数次请求严武，希望卸下幕僚的职位，回到草堂闲散度日。终于，在次年的正月，严武答应了他的请求。离开幕府后，除了生活环境让杜甫觉得不太舒畅，还有个原因，就是他与严武之间的关系也渐渐不像以前那么好了。

从前，他们是诗文相交的好友，但是入幕以后，严武是长官，杜甫为下属，这和杜甫辅君济世的理想相去甚远。傲岸如他，心里绝不会平静如水。事实上，杜甫在《正月三日归溪上有作，简院内诸公》一诗中写道："白头趋幕府，深觉负平生。"

而且，虽然在严武的庇护下，他的生活无风无雨，他对严武的能力也很是欣赏，但严武这个人骄纵奢靡，平定吐蕃后又在蜀中横征暴敛，杜甫对此颇有不满。渐渐地，严武开始厌烦他的意见，他们之间便有了隔阂。

甚至，有传言说，严武曾有过杀掉杜甫的想法。

大概情节：某天，两人喝得烂醉，杜甫指着严武的鼻子说道："严挺之怎么有你这样的儿子？"严武很生气，同样说道："杜审言怎么有你这样的孙子？"两人这样直呼对方长辈的名讳，虽然是酒后失态，却也可以说，是平日积累的不满。反正，因为这件事，严武一直不能释怀，最终有了除掉杜甫的打算。

据《新唐书》记载，那天之后，两人虽然重归于好，严武始终怀恨在心，决定杀掉杜甫。幸好，严武的母亲发现端倪，派人知会了杜甫。杜甫听到消息，连忙买船离开了成都。事实上，这不过是一些捕风捉影的传闻，里面的错误也很明显。

他们之间渐渐不和，甚至有过冲突，都是有可能的，但杜甫是在严武病故以后才离开的成都。而且，无论是严武生前还是死后，杜甫的诗里，对他都满是感激和尊重。他们之间也不至于有太深的矛盾。

不管怎样，杜甫辞去了幕僚的职务。

回到草堂，修葺竹篱茅舍，拾起酒盏茶盅。

他将苍老的自己，再次交给了明媚的春天。

独步诗名在，只令故旧伤

在入仕与隐逸之间，杜甫一直痛苦地徘徊。前者属于信念，后者属于性情。像杜甫这样傲岸的诗人，自然不愿被束缚在低微的职位和琐碎的事务中。他要做的，是管仲、诸葛亮那样的贤相，在治理国家方面，最大限度地发挥自己的用处，辅弼天下，造福苍生。

　　只可惜，杜甫生不逢时，终其一世，都没有得到朝廷的重用。严武欣赏并敬重他，却也只能给他讨个虚衔，将他安置在幕府，使他不用为生计四处奔波。但官场的生活终究不适合杜甫，那里需要面对各种人心算计，表面一团和气，实际却早已视对方为仇敌，杜甫在这样的世界中倍感疲倦，最后也只好选择了主动退出。

　　有人说他好高骛远，有人说他恃才而骄，但杜甫心里很清楚，他并不喜欢这样的人生，也不愿以后在虚伪往来中度过。反正，他离开了幕府，回到了草堂。浣花溪畔，有最真实的杜甫。

　　苏轼有首《行香子》，很符合杜甫此时的心境。

清夜无尘。月色如银。酒斟时、须满十分。
浮名浮利，虚苦劳神。叹隙中驹，石中火，梦中身。
虽抱文章，开口谁亲。且陶陶、乐尽天真。
几时归去，作个闲人。对一张琴，一壶酒，一溪云。

山水草木，陶然皆是知己；浮沉聚散，心安即为故里。
几分闲心，几分醉意，杜甫的生活，该是如此。
辞去幕府工作后，杜甫颇有解脱的感觉。他的诗，也明朗了许多。
他写了《春日江村五首》，怡然之情尽在其中。

农务村村急，春流岸岸深。乾坤万里眼，时序百年心。
茅屋还堪赋，桃源自可寻。艰难昧生理，飘泊到如今。

迢递来三蜀，蹉跎有六年。客身逢故旧，发兴自林泉。

过懒从衣结，频游任履穿。藩篱颇无限，恣意向江天。

种竹交加翠，栽桃烂熳红。经心石镜月，到面雪山风。
赤管随王命，银章付老翁。岂知牙齿落，名玷荐贤中。

某天，杜甫偶然翻阅旧诗稿，看到了上一年写的两首诗。

那次，太子舍人张某从西北而来，送给他一张毛毯，上面有精美的刺绣，显然价值不菲。杜甫将这件赠品接到手中，看了许久，终究觉得像这样贵重的物品不是他能享用的，于是郑重收起，还给了对方，并写诗记录，题为《太子张舍人遗织成褥段》。他说，"叹息当路子，干戈尚纵横。掌握有权柄，衣马自肥轻"；他还说，"奈何田舍翁，受此厚贶情。锦鲸卷还客，始觉心和平"。

很多人认为，这首诗其实是写给严武看的。《钱注杜诗》曾说，严武长年在蜀地为官，任性妄为，推行严厉的政治，生活奢靡，赏赐没有节制。杜甫在严武的幕下，作了这首诗来规劝严武，也是希望朋友能够听从劝告，往好的方面发展。

不论真假，从这件事中可以看出杜甫的风骨。

那次，在成都城里，他偶遇画家曹霸。曹霸是唐玄宗时期的画家，能文善画，当时的人甚至拿他与"三曹"相比。"三曹"就是曹操、曹丕、曹植父子的合称，三人是建安文学的代表，都对当时的文坛很有影响，并且在中国古代文学史上也有一席之地。曹霸则有"文如植，武如操，字画抵丕风流"的美誉，意思是说他文比曹植，武比曹操，字画可与曹丕相比，文武全才，书画双绝，算是相当高的评价了。

曹霸早年学习书法，模仿王羲之、卫夫人等人的笔风，后来觉得自己无法超过王羲之，于是转而钻研绘画，结果大为成功，到盛年时已经成为名满天下的画家，尤其擅长画马，同时引起了玄宗的注意。玄宗曾召他修缮凌烟阁二十四功臣的画像，画作完成后，人物活灵活现，令人叹为观止。后来又命他完成骏马图，笔墨沉着，神采生动，受到玄宗的赞叹，更有无数赏赐。从此以后，曹霸的画天下闻名，达官贵人都争着请他来作画。

只是，安史之乱后，曹霸因为一幅画有影射唐朝的嫌疑，被削职免官，从此过着流离失所的生活。当他流亡到成都时，身无分文，仅靠为人画肖像谋生，生活困苦。后来杜甫几经寻访，才终于和他相见。见到曹霸沦落至此，杜甫心中无限感慨，于是写下一首《丹青引赠曹将军霸》。结尾写道：

将军画善盖有神，偶逢佳士亦写真。
即今漂泊干戈际，屡貌寻常行路人。
途穷反遭俗眼白，世上未有如公贫。
但看古来盛名下，终日坎壈缠其身。

写到最后两句，杜甫沉默了。

盛名之下，也终是荆棘遍地，荒草丛生。

如此，倒不如做个闲人，一壶酒，一溪云，清简度日。

清贫也好，富贵也好，最难得是心安。

永泰元年（765）四月，严武突发重病，不久后便因病去世了，时年四十岁。死后，他被追赠尚书左仆射，又因军功被封郑国公。

这样，杜甫在成都彻底失去了倚靠，本想过一段清闲日子，此时又充满了变数。

生活就是这样，总让人猝不及防。

严武去世后，尽管杜甫并没有立即写诗表示悼念，但是后来他写了《八哀诗》，悼念李光弼、汝阳王李琎（jìn）、李邕、张九龄等贤才，其中一首就是哀悼严武的，题为《赠左仆射郑国公严公武》，既有对其生平的概述，也有对其能力和功绩的赞扬，甚至将他比作诸葛亮，盛赞道："公来雪山重，公去雪山轻。"

阅书百氏尽，落笔四座惊。历职匪父任，嫉邪尝力争。
汉仪尚整肃，胡骑忽纵横。飞传自河陇，逢人问公卿。
不知万乘出，雪涕风悲鸣。受辞剑阁道，谒帝萧关城。
寂寞云台仗，飘飖沙塞旌。江山少使者，笳鼓凝皇情。
壮士血相视，忠臣气不平。密论贞观体，挥发岐阳征。
感激动四极，联翩收二京。西郊牛酒再，原庙丹青明。
匡汲俄宠辱，卫霍竟哀荣。四登会府地，三掌华阳兵。
京兆空柳色，尚书无履声。群乌自朝夕，白马休横行。
诸葛蜀人爱，文翁儒化成。公来雪山重，公去雪山轻。

总的来说，杜甫与严武的情谊，算是有始有终。

虽然因性情不同、思想各异，以及处事方式的差别，他们之间有过分歧和矛盾，但在那样的乱世，严武无疑是杜甫最可靠的朋友。他给杜甫的，除了诗酒快意，更有实实在在的生活支撑。可以说，有严武照拂，杜甫就不必为生存而担忧。

可是现在，严武去世了，杜甫悲不自胜。实际上，那几年，杜甫的悲伤从未停歇。他的至交好友，那些曾与他把酒酬唱的人们陆续离世，他的精神世界越来越凄凉。

上元二年（761），王维辞世。

宝应元年（762），李白于当涂病逝。

广德元年（763），房琯病故于阆州。

广德二年（764），郑虔死于台州，苏源明死于长安。

永泰元年（765），正月高适离世，四月严武离世。

当然，同样默然离世的，还有杜甫最想辅佐的那个励精图治、将大唐王朝带入开元盛世的唐玄宗，以及其子唐肃宗李亨。现在，这些人都去了。天子去了，诗人去了，就仿佛，突然之间，整个世界荒芜了。

皇帝的庄严与恢宏不见了，诗人的风流与潇洒不见了。

放眼望去，整个大唐，上自朝廷，下至山野，只剩一片凌乱。

日光如常照临万物，人间却已不是从前的人间。

那个属于诗的时代，至少在这一时期，几乎是黯淡的。盛唐的诗人们相继离去，白居易、韩愈、刘禹锡、柳宗元、贾岛、李贺，这些名震中唐的诗人尚未出生。十五岁的孟郊，还在憧憬未来。三十四岁的戴叔伦，诗虽素净，人也散淡，终究落得寂寞。二十九岁的韦应物，时为洛阳丞，为官清正，但其诗才未能点亮中唐初期的风雅。尽管，他也不乏"春潮带雨晚来急，野渡无人舟自横"这样的妙句；尽管，因为其仁者胸怀，沈德潜评论他的诗说不负心语。

开元盛世，和属于他的大多数诗人，都凋谢了。

一段无比丰盛的时光，在那场战乱后彻底成了回忆。

而杜甫，在草堂的初夏，回忆着旧时光。

他缅怀郑虔和苏源明，写诗说："故旧谁怜我，平生郑与苏。存亡不重见，丧乱独前途。豪俊何人在，文章扫地无。"他缅怀高适，写诗说："独步诗名在，只令故旧伤。"

那些年，那些事，既清晰又模糊。洛阳的轻裘快马，梁宋的诗酒流连，长安的彷徨寂寞，陇右的颠沛流离，那些或明丽或黯淡的往事，渐渐漫溢，成了夏日的感伤。

然后，掩上回忆。草堂岁月，也已到了尽头。

竹径茅庐，此后经过的，怕是只有路人。

事实上，他已开始收拾行囊了。

移居夔州城

有人说，李白不曾老去，杜甫从未年轻。

这话不无道理，前者不食人间烟火，后者直面世事沧桑。

天生的沉稳内敛，岁月的崎岖辗转，让杜甫成了我们印象中那个沉默清瘦的诗人。满目的风尘寥落，满纸的悲苦哀伤，这就是他。人生本已萧索，还必须以慈悲之心，关照天地，怜悯众生，这样的杜甫，实在难像李白那样，在江湖中快意逍遥。

对杜甫来说，草堂数年是难得的安逸时光。

但是现在，他不得不与草堂道别。

这里，一山一水，一草一木，他都眷恋，却只能留给从前，和路过的人们。这其中，就有那个叫薛涛的女诗人。浣花溪畔，不乏诗意。但杜甫一去，再未回来。

五十四岁的他，虽然对朝廷非常失望，却并未放弃理想。显然，对于心存天下的杜甫来说，成都的安逸，草堂的悠闲，都不足以安放他的夙愿。实际上，若不是严武重回成都任职，广德二年初他已经离开蜀中了。

永泰元年（765）五月，杜甫带着一家老小离开成都乘舟东下，经嘉州、戎州、渝州，半月后抵达忠州（今四川忠县）。忠州刺史是杜甫的亲戚，不过，他给杜甫的，只有一场欢迎的晚宴。其后，杜甫全家寄宿在江边的龙兴寺两月有余，刺史大人几乎不曾过问。

九月，杜甫一家来到了隶属夔州的云安（今四川云阳）。大概是由于舟车劳顿，杜甫旧病复发，肺病和风痹同时发作，只好停下来休养身体。这一停，就是半年。他们住在租来的房子里，从秋天到春天。

十二月初一，杜甫写了三首诗，尽是异乡飘零之感。

今朝腊月春意动，云安县前江可怜。
一声何处送书雁，百丈谁家上濑船。
未将梅蕊惊愁眼，要取椒花媚远天。
明光起草人所美，肺病几时朝日边。

即看燕子入山扉，岂有黄鹂历翠微。
短短桃花临水岸，轻轻柳絮点人衣。
春来准拟开怀久，老去亲知见面稀。
他日一杯难强进，重嗟筋力故山违。

零落异地，疾病缠身，心里的滋味可想而知。

即使是花开陌上的日子，杜甫的心绪也并未清朗起来。

萋萋芳草，映照着市井百姓的生活。盛世远去，日子还在继续。草长莺飞的时节，遍地春意盎然。但永泰二年的春天，杜甫所能感受到的，却是凄凉。杜鹃声声入耳，在杜甫听来，是啼血的哀鸣。他写了《客居》，大有"等是有家归未得，杜鹃休向耳边啼"的意味。

> 客居所居堂，前江后山根。下塹万寻岸，苍涛郁飞翻。
> 葱青众木梢，邪竖杂石痕。子规昼夜啼，壮士敛精魂。
> 峡开四千里，水合数百源。人虎相半居，相伤终两存。
> ……
> 览物想故国，十年别荒村。日暮归几翼，北林空自昏。
> 安得覆八溟，为君洗乾坤。稷契易为力，犬戎何足吞。
> 儒生老无成，臣子忧四藩。筐中有旧笔，情至时复援。

严武去世后，郭英乂（yì）继任成都尹兼剑南西川节度使，因其骄纵跋扈，严武以前的部下崔旰（gàn）在永泰元年十月率兵反叛。郭英乂败走简州，被普州刺史韩澄所杀。之后，邛（qióng）州牙将柏茂琳、泸州牙将杨子琳、剑州牙将李昌夔（kuí）联合攻击崔旰，剑南局势大乱。杜甫在云安听到消息，既震惊又心痛。他知道，战乱一起，受苦的还是黎民苍生。他写了三首绝句，声讨战乱，体恤百姓。

大历元年（766）暮春，杜甫和家人离开云安，来到了夔州（今四川奉节）。夔州城地处瞿塘峡口，形势险要，历来是四川东部的军事重镇、兵家必争之地。在唐代，夔州属于山南东道，设有都督府，治所在鱼复浦和西陵峡之间、瞿塘峡附近，与白帝城相接，在如今距离奉节县城东十余里的地方。

从大历元年暮春到大历三年早春，杜甫在夔州住了近两年，写了四百余首诗，虽然几度搬迁，生活却并不艰难。初至夔州，他写有《移居夔州作》：

伏枕云安县，迁居白帝城。春知催柳别，江与放船清。
农事闻人说，山光见鸟情。禹功饶断石，且就土微平。

起先，他们寄居在山间客堂，杜甫参加了在白帝城头的越公堂举行的宴会，并留有诗篇。不久后，杜甫携家人移居城内西阁。那年秋天，柏茂琳出任夔州都督，对杜甫照顾有加。夔州城东的东瀼（ràng）溪两岸有公田百顷，据说公孙述曾在这里屯田，因此称作东屯，因为有柏茂琳的帮助，杜甫在这里租得了一些公田耕种。

大历二年（767）初春，他搬到了城东的赤甲山。三月，柏茂琳将瀼西的四十亩柑林送给他，杜甫因此又搬到了瀼西茅舍居住。秋天，他再回东屯，直到离开夔州。他在《夔州歌》里写道："瀼东瀼西一万家，江南江北春冬花。"因为有柏茂琳的照拂，杜甫在夔州的日子可以说相当滋润了。

杜甫最初所居住的客堂，是在山坡修建的简陋房舍，居民必须用竹筒引来山泉水才有水喝。夔州山中随处可见这样的竹筒，有的长达几百丈。杜甫写了首《引水》，记录了引水的事。其中写道："白帝城西万竹蟠，接筒引水喉不干。人生留滞生理难，斗水何直百忧宽。"

安顿下来以后，杜甫渐渐有了外出游赏的兴致。

说到底，对诗人来说，纵情山水，寻访古迹，总是别有情趣。

夔州属于山城，山川雄奇，景色秀美。而且这里名胜不少，诸如鱼腹浦、八阵图、武侯祠、白帝城、高唐观、瀼东、瀼西等等，有的奇美，有的厚重，都是值得一去的地方。

游览了八阵图和武侯祠，有感于诸葛亮的雄才大略及生平遗憾，杜甫写了《武侯庙》《八阵图》《古柏行》等诗。他如此写道："遗庙丹青落，空山草木长。犹闻辞后主，不复卧南阳；功盖三分国，名成八阵图。江流石不转，遗恨失吞吴。"

孔明庙前有老柏，柯如青铜根如石。

霜皮溜雨四十围，黛色参天二千尺。

云来气接巫峡长，月出寒通雪山白。

君臣已与时际会，树木犹为人爱惜。

忆昨路绕锦亭东，先主武侯同閟宫。

崔嵬枝干郊原古，窈窕丹青户牖空。

落落盘踞虽得地，冥冥孤高多烈风。

扶持自是神明力，正直元因造化功。

大厦如倾要梁栋，万牛回首丘山重。

不露文章世已惊，未辞剪伐谁能送。

苦心岂免容蝼蚁，香叶终经宿鸾凤。

志士幽人莫怨嗟，古来材大难为用。

这首诗采用比兴手法，通过赞扬久经风霜、挺立寒空的古柏，来称颂雄才大略、忠心耿耿的诸葛亮。从苍劲古老的柏树，引出君臣时运际会，以老柏的孤高，来比喻武侯的忠贞，表现了诗人对诸葛亮的崇敬，并抒发了自己壮志难酬的悲愤。

杜甫感叹自己虽然像古柏一样朴实无华，不以美丽的花叶来炫耀自己，愿意不辞剪伐，为庙堂效力，却不被重用。怀才不遇的他，就像眼前这棵古老的柏树一样。

于是，到最后，他终于发出浩叹："古来材大难为用。"

一叹千年。他对江山的深情，未曾凋零，却是越来越凉。

在柏茂琳到夔州之前，杜甫也还过着为生计忙碌的日子。他在夔州城里接了些文墨工作，赚得一些酬劳，也曾学着陶渊明一样种植蔬菜，却因为当年的旱情以失败告终。此外，他还尝试养鸡，写有《缚鸡行》和《催宗文树鸡栅》。

小奴缚鸡向市卖，鸡被缚急相喧争。

家中厌鸡食虫蚁，不知鸡卖还遭烹。

虫鸡于人何厚薄，吾叱奴人解其缚。

鸡虫得失无了时，注目寒江倚山阁。

虽然清贫，但全家人相守，苦中有乐。

有鸡犬相闻，有山水相依，不失田园兴味。

生活，原本不过如此。

百年世事不胜悲

度过了夏天，山城风雨不惊。

夔州远离尘嚣，倒是个安放闲情的地方。

杜甫那支书写人间悲欢的笔，临风一抖，便能抖出一地翩然。

从他所写的《缚鸡行》可知，初到夔州，他虽然还必须为生活奔走，家里却有了仆人。或许，严武在离世之前，还考虑到了杜甫后来的生活，所以有所馈赠。如果是这样，那的确是弥足珍贵。也许，朋友做到这般境界，才算得上是真正的朋友。

不管是不是这样，即便是到了夔州，杜甫实际上也受到了严武的恩惠。在成都附近发生的那场叛乱中，率兵攻击崔旰的邛州牙将柏茂琳，曾是节度使严武的部下，在严武幕府与杜甫相识。虽然出身行伍，但他对杜甫的才华和品性都很是欣赏。

当时，严武对柏茂琳很是器重。如今，柏茂琳被派到夔州担任都督，兼任以夔州为首的五州防御使。严武虽已去世，但柏茂琳记得他的恩遇，因此在夔州对他的老朋友杜甫也十分照顾。

大历元年（766）秋，柏茂琳来到了夔州。很快，杜甫就被他请到了府上，还为他起草了给朝廷的奏表《为夔府柏都督谢上表》。杜甫在这年深秋所写的《峡口二首》中有这样的注解："主人柏中丞频分月俸。柏茂琳身兼御史中丞之衔，故有此说。"从那时开始，柏茂琳对杜甫的资助就从未断过。由此也可以看出，杜甫既是他的客人，也算是他的私人文书。

不过，杜甫只是偶尔为他处理一些文书上的事情，事务清闲，不需要过度劳累。

现在，无须为衣食住行担忧，杜甫有大把时间饮酒写诗。

山城岁月，往事前尘，都是下笔之处。

大概是因为安稳，他这段时间的许多诗，极其注重词句的推敲。从前，他在成都草堂时，曾在诗中说："为人性僻耽佳句，语不惊人死不休。"那时候，他更喜欢词句不落俗套，追求"笔落惊风雨，诗成泣鬼神"的境界。而现在，他更乐于雕琢词句。在西阁仰观天地，体味春秋，杜甫写了一首《阁夜》，历来被视为其律诗中的经典之作。

岁暮阴阳催短景，天涯霜雪霁寒宵。

五更鼓角声悲壮，三峡星河影动摇。

野哭千家闻战伐，夷歌数处起渔樵。

卧龙跃马终黄土，人事音书漫寂寥。

岁暮天寒，山城寂静。

远处的鼓角争鸣，惊破的是万民的安定生活。

万民悲泣之时，就连山野渔樵也难得悠闲。既有野哭，又有夷歌，对忧国忧民的杜甫来说，这两种声音都让他倍感忧伤。他是寂寥的，却不得不对自己说：诸葛亮和公孙述这样的贤才也终归黄土，我又何必悲伤。由现实想到历史人物，又想到人生境遇，感慨之余，却也有超然之意。

的确，风流终归寂寞，利名只如尘土。

红尘一念，此去无声。只有手中的清风明月最真实。

杜甫写了《秋兴八首》，被不少评论家认为是他最好的诗篇。

以下是其中四首：

玉露凋伤枫树林，巫山巫峡气萧森。

江间波浪兼天涌，塞上风云接地阴。

丛菊两开他日泪，孤舟一系故园心。

寒衣处处催刀尺，白帝城高急暮砧。

夔府孤城落日斜，每依北斗望京华。

听猿实下三声泪，奉使虚随八月槎。

画省香炉违伏枕，山楼粉堞隐悲笳。

请看石上藤萝月，已映洲前芦荻花。

闻道长安似弈棋，百年世事不胜悲。

王侯第宅皆新主，文武衣冠异昔时。

直北关山金鼓震，征西车马羽书驰。

鱼龙寂寞秋江冷，故国平居有所思。

昆吾御宿自逶迤，紫阁峰阴入渼陂。

香稻啄残鹦鹉粒，碧梧栖老凤凰枝。

佳人拾翠春相问，仙侣同舟晚更移。

彩笔昔曾干气象，白头今望苦低垂。

秋风萧瑟，凉意纵横。

晚年多病的杜甫，身处其中，难免感伤。

这八首秋兴诗，前三首由夔州而想到长安，后五首则由长安归结到夔州；前三首由现实引发回忆，后五首则由回忆回到现实。

从整体看，从诗人身在的夔州，联想到长安；由暮年飘零，旅居江上，面对满目萧条的景色而引起国家盛衰及个人身世的感叹；以对长安盛世的追忆而归结到诗人现实的孤寂处境、今昔对比的哀愁。这种忧思不能看作是杜甫一时一地的偶然触发，而是自安史之乱以来，他忧国伤时感情的集中表现。

国家残破，无所作为，他无法不苦闷。

只是，其中的曲折，他不忍明说，也不能尽言。

望长安，写长安，婉转低回，反复慨叹，就是为此。

有人认为，杜甫入蜀后，诗歌不再有前期那样大气磅礴、浓烈炽热的感情。其实，他在这时期并没有消沉，只是生活处境不同，思想感情变得更深沉而已。就艺术表现来说，多年磨砺后，笔力自然不是从前可比的。

也许是某个傍晚，日薄西山，暮色渐沉。杜甫把酒沉吟，目光指向远方。一些时光，一些人物，恍然间出现在脑海。于是，有了历来广受盛赞的《咏怀古迹五首》。

支离东北风尘际，漂泊西南天地间。

三峡楼台淹日月，五溪衣服共云山。

羯胡事主终无赖，词客哀时且未还。

庾信平生最萧瑟，暮年诗赋动江关。

摇落深知宋玉悲，风流儒雅亦吾师。

怅望千秋一洒泪，萧条异代不同时。

江山故宅空文藻，云雨荒台岂梦思？

最是楚宫俱泯灭，舟人指点到今疑。

群山万壑赴荆门，生长明妃尚有村。

一去紫台连朔漠，独留青冢向黄昏。

画图省识春风面，环佩空归月夜魂。

千载琵琶作胡语，分明怨恨曲中论。

蜀主窥吴幸三峡，崩年亦在永安宫。

翠华想像空山里，玉殿虚无野寺中。

古庙杉松巢水鹤，岁时伏腊走村翁。

武侯祠屋长邻近，一体君臣祭祀同。

诸葛大名垂宇宙，宗臣遗像肃清高。

三分割据纡筹策，万古云霄一羽毛。

伯仲之间见伊吕，指挥若定失萧曹。

运移汉祚终难复，志决身歼军务劳。

岁月如河，往事成丘。

许多人，许多事，去得了无痕迹。

却也有人，因其风姿，因其功勋，被青史永远铭记。

萧瑟的庾信，悲伤的宋玉，幽怨的王昭君，惜才的刘备，多谋的诸葛亮，尽管垂名千古，人生却是各有遗憾。终究，世事如霜，任何人都不能强求人生完满。前人生平萧索，杜甫自己何尝不是壮志难酬。

最初，他带着无比坚定的信念出发，以为可以匡扶河山社稷。看上去，也是策马红尘的潇洒模样。多年以后，河山碎裂，盛世凋残，他的雄心壮志付诸东流，只能寄身在远离朝野的地方，把酒赋诗，聊以度日。悲哀与感叹，不言而喻。

也有人说，这五首诗是杜甫在离开夔州到江陵，游历了庾信故居、宋玉宅、昭君村、先主庙、武侯祠等古迹后所写，也不无道理。不过，对于诗人，未必要去过什么地方，才能书写与之相关的人和事。兴之所至，拿前人旧事做背景，映照自己的人生起落，也是很寻常的事情。

这年秋冬之际，江陵府的王兵马使来到夔州，说在山上偶然看见一只黑鹰和一只白鹰，捉了很久都没捉到，看这两只鹰的毛骨有些奇特，于是想请杜甫赋诗。杜甫在诗中写道："在野只教心力破，千人何事网罗求。"又说，"万里寒空只一日，金眸玉爪不凡材"。

其实，王兵马使这次来，是因为荆南节度使卫伯玉有意召杜甫入其幕府。那时，战乱后的大唐，到处都是都督和节度使，他们身边聚集了不少文人雅士。杜甫的故人薛据和孟云卿就在卫伯玉的幕府。然而，杜甫却并没有入幕府的意思。

曾经，他希望求得一官半职，养活妻子儿女，不用再为生计发愁。但后来进入严武的幕府中，杜甫才明白，即使是小小的幕府，也充满了争斗与算计。现在的他，在夔州过得还算安好，所以也没必要再让自己陷进去。至于偶尔替柏茂琳处理文书，基本是出于朋友之谊，不过是为了感激对方的帮助，略尽绵薄之力而已。

因此，他在诗中说，鹰只应翱翔于天际，而不该身陷罗网，供人玩乐。

这是态度，亦是风骨。

乘兴欲东游

草青人远，云淡风轻，岁月不声不响。

与那些漂泊无助的年月相比，此时的杜甫是安闲和自在的。

虽然，他有时候也会感叹人生，也会为夙愿难偿而慨叹，但总的来说，生活安和，日子平顺。当然，他毕竟是杜甫，不会永远沉湎在散淡的小日子中。

心中装着天地，必然很难安于平淡。

在夔州，杜甫总是在去留进退之间摇摆。有道是"国家兴亡，匹夫有责"。安史之乱后，大唐的繁荣景象一去不复返，杜甫空有满腹的爱国热情，却长年漂泊他乡，壮志难酬，他在夔州是安详的，却也是苦闷的。烦闷和忧伤的情绪，总是会时不时地出现，挥散不去。

带着这样的情绪，他写了《解闷十二首》，以下是其中五首：

商胡离别下扬州，忆上西陵故驿楼。
为问淮南米贵贱，老夫乘兴欲东游。

沈范早知何水部，曹刘不待薛郎中。
独当省署开文苑，兼泛沧浪学钓翁。

李陵苏武是吾师，孟子论文更不疑。

一饭未曾留俗客，数篇今见古人诗。

复忆襄阳孟浩然，清诗句句尽堪传。
即今耆旧无新语，漫钓槎头缩颈鳊。

陶冶性灵存底物，新诗改罢自长吟。
孰知二谢将能事，颇学阴何苦用心。

寄身天涯，故人零落，往事不堪回首。

此时的杜甫，除了歌咏山川和人民生活外，有了充裕的时间追忆从前。山城偏僻，几乎与世隔绝，生活平静，朋友稀少，因此过去的许多经历总会在他脑海里不断浮现。他的老友们，除了岑参还在嘉州当刺史外，大都已经离世。他是个念旧的人，想起陈年往事，无法不悲伤。

他思念孟云卿和薛据，并托人转告二人，说自己不久后将会去江陵，与他们把酒言欢。他在《解闷十二首》里写道："为问淮南米贵贱，老夫乘兴欲东游。"就是说，他有东下的打算，并且托人打听淮南的米价，为去那里居住做准备。

那段时间，杜甫写了很多回忆往事的诗，如《壮游》《昔游》《遣怀》《宿昔》等。其中的《壮游》，从他幼时学诗写起，到漫游吴越，到长安十年，再到安史之乱，一直写到漂泊巴蜀，几乎是一篇完整的自传。多亏了这些诗，我们才得以知道，杜甫在三十岁之前的生活片段。

> 放荡齐赵间，裘马颇清狂。春歌丛台上，冬猎青丘旁。
> 呼鹰皂枥林，逐兽云雪冈。射飞曾纵鞚，引臂落鹙鸧。
> 苏侯据鞍喜，忽如携葛强。快意八九年，西归到咸阳。
> 许与必词伯，赏游实贤王。曳裾置醴地，奏赋入明光。
> 天子废食召，群公会轩裳。脱身无所爱，痛饮信行藏。
> 黑貂宁免敝，斑鬓兀称觞。杜曲晚耆旧，四郊多白杨。
> 坐深乡党敬，日觉死生忙。朱门任倾夺，赤族迭罹殃。
> 国马竭粟豆，官鸡输稻粱。举隅见烦费，引古惜兴亡。

夔州山城里，他举着酒杯遥望从前。

那里，有他未曾老去的年华，和那段叫开元盛世的岁月。

就像只是刹那间，一切都过去了。他已白发苍苍，岁月却还年轻。

往事越是温暖，回忆就越凄凉。许多个日子，他就在山城的某个角落，回忆往事，静默而悲伤，然后，带着凄然的神情，回到现实的生活。

除了回忆旧事的痛苦，杜甫的身体也总被疾病所缠，疟疾、肺病、风痹此起彼伏。大历元年冬天，他几乎是在病中度过的。他写了首《老病》，感慨人生飘零：

> 老病巫山里，稽留楚客中。药残他日裹，花发去年丛。
> 夜足沾沙雨，春多逆水风。合分双赐笔，犹作一飘蓬。

冬至那天，他写了《小至》，其中写道："云物不殊乡国异，教儿且覆掌中杯。"次年寒食节，他写了两首诗给宗文和宗武，题为《又示两儿》。

> 令节成吾老，他时见汝心。浮生看物变，为恨与年深。
> 长葛书难得，江州涕不禁。团圆思弟妹，行坐白头吟。

大历二年（767）春，被病痛折磨了数月的杜甫，面容极是憔悴。一天早上起来，杜甫看见镜中那个苍老清瘦的身影，几乎不相信那是自己。他在《觅镜呈柏中丞》中写道："起晚堪从事，行迟更学仙。镜中衰谢色，万一故人怜。"

满城的春风里，杜甫的病情终于大有起色，身体又硬朗了起来。三月，他迁居瀼西茅舍，种着一些公田，还要经营柏茂琳送的四十亩柑林。就物质条件来说，现在的杜甫算得上是丰衣足食，若不是挂念着天下苍生，他大可以在这里过晴耕雨读的安恬日子。

然而，一颗心，终是难得安稳。

江山动荡，黎民多艰，他注定要为之劳心。

于是，即使是为迁居而作的几首诗，也满是哀伤。

> 久嗟三峡客，再与暮春期。百舌欲无语，繁花能几时。
> 谷虚云气薄，波乱日华迟。战伐何由定，哀伤不在兹。

> 壮年学书剑，他日委泥沙。事主非无禄，浮生即有涯。
> 高斋依药饵，绝域改春华。丧乱丹心破，王臣未一家。

> 欲陈济世策，已老尚书郎。不息豺狼斗，空惭鸳鹭行。

时危人事急，风逆羽毛伤。落日悲江汉，中宵泪满床。

虽然远在西南，但杜甫始终关注着朝廷的情况。安史之乱虽然已经平定，但各地的军阀、节度使不缺野心勃勃的人，因此局部时常发生战乱。大唐王朝，早已失去了统御九州的能力，安史之乱后虽然存活了一百多年，却再也不复昔日的繁华。那场华丽的开元梦，一旦醒来，便只剩苟延残喘。

这一年，道州（今湖南道县）发生变乱，百姓死伤无数。平叛后，刺史元结在《贼退示官录》中写道："城小贼不屠，人贫伤可怜。是以陷邻境，此州独全。使臣将王命，岂不如贼焉。今彼征敛者，迫之如火煎。谁能绝人命，以作时世贤。思欲委符节，引竿自刺船。将家就鱼麦，归老江湖边。"后来，杜甫读到了这首诗，写诗说："我多长卿病，日夕思朝廷。"

大历元年（766）十二月，华州节度使周智光反叛，代宗命郭子仪率军讨伐。不久后，周智光被其部将所杀。大历二年初，郭子仪入朝，备受代宗倚重。同时，河北诸路节度使也相继入朝。杜甫在夔州听到消息，甚是欢喜，写了《承闻河北诸道节度使入朝欢喜口号绝句十二首》。最后一首这样写道："十二年来多战场，天威已息阵堂堂。神灵汉代中兴主，功业汾阳异姓王。"

显然，杜甫认为，有郭子仪这样忠心的臣子，朝廷权威重建有望。郭子仪的确忠义，在许多节度使蠢蠢欲动的时候，他对大唐朝廷从无二心。他的儿子郭暧（ài）娶了升平公主，某次发生争吵，郭暧说："别以为你父亲是皇帝，你就可以对我指手画脚，我父亲只是不愿做皇帝罢了。"

公主到代宗跟前哭诉，代宗却表示，郭暧说的也没错。郭子仪听到消息后，为郭暧的大逆不道而自责不已，将儿子绑起来送给代宗，请求责罚父子二人。代宗宽宥了郭暧，并且说："不痴不聋，不作家翁。儿女子闺房之言，何足听也！"意思是，做父母的，不要去干预儿女的家事，不要把儿女在闺房中说的话当真。

上面这件事，反映了皇帝的无奈，国家的动荡不安，也体现了郭子仪作为臣子的忠心。不过，无论如何，一个郭子仪，始终挡不住大唐渐渐衰颓的国势，无论是后来的元和中兴，还是唐宣宗时期的最后一抹辉煌，都挡不住历史的进程。

岁月浮沉，王朝盛衰，是历史的必然。

留给大唐王朝的，是一袭秋凉。

第七卷

≫

寂寞归途

闻所闻而来，见所见而去。

人生，不过是在岁月之上，画个残缺的圆。

不同的是，有的人下笔浓重，有的人轻描淡写。

出发的时候，我们便开始了回归的路。

万里悲秋常作客

其实，人生就是一个找寻温暖的过程。

万水千山，秋风春雨，都抵不上一盏照亮归途的灯。

五十六岁的杜甫，更像个乡绅，有土地要耕种，有果园要管理，仆人数目也增加了不少。很多事情，他不用亲自去办，像伐木、耕地、除草、灌溉、修补栅栏这些事，都可以派仆人去做。他在不少诗里提到仆人，比如那首《秋行官张望督促东渚刈稻向毕，清晨遣女奴阿稽、竖子阿段往问》。

不仅如此，杜甫在东屯和瀼西都有了自己的房舍。东屯的房子，视野开阔，可以看到大江奔流；瀼西的茅舍本来是租的，后来干脆买了下来，虽然简朴，但是临山近水，还有个别致的小花园。大历二年（767）春，他搬到瀼西，东屯的田地便交给了行官张望管理。

现在，杜甫的生活呈现出了前所未有的优渥。即使是在成都草堂，也不像这样，完全不用为生活担忧。除了指挥农夫和仆人做事，偶尔去夔州城里参加无法推却的应酬，杜甫的时间基本用于读书和写诗。当然，他还要休养自己老病的身体。

迟日江山丽，春风花草香。

泥融飞燕子，沙暖睡鸳鸯。

江碧鸟逾白，山青花欲燃。

今春看又过，何日是归年。

草香沙暖，水碧山青。春色怡人，他仍想着归去。

无论是谁，不管走得多远，总会为一个地方牵肠挂肚。

那里，叫作故乡，是我们愿意落叶归根的地方。

只是，山高水远，不是想归就能归去的。尤其是千百年前，交通设施粗陋，所谓关山难越，故乡一直都在，人却只能遥望。有时候，说着归去，却终于客死他乡。杜甫，就是这样的结局。他对故乡念念不忘，但是到最后，也没能如愿回去。

生活平顺，时间过得很快，转眼已是大历二年（767）秋天。杜甫从瀼西搬回了东屯，将瀼西的茅舍借给从忠州来的吴某居住，写了《自瀼西荆扉且移居东屯茅屋四首》。

他说，"烟霜凄野日，粳稻熟天风。人事伤蓬转，吾将守桂丛"；他说，"市喧宜近利，林僻此无蹊。若访衰翁语，须令剩客迷"；他说，"枕带还相似，柴荆即有焉。斫畬应费日，解缆不知年"。但在最后一首，出现了这样的诗句："久游巴子国，卧病楚人山。寒空见鸳鹭，回首忆朝班。"终究，他还是忘不了心中的志向。

据他诗中所写，瀼西茅舍前有棵枣树，西边的邻居是一位贫寒的老寡妇，常来树下摘枣子吃，杜甫从不阻止。而且，他还特意写诗嘱咐茅舍的新住户吴某，不要为难这个可怜的妇人。诗中写道："堂前扑枣任西邻，无食无儿一妇人。不为困穷宁有此？只缘恐惧转须亲。

即防远客虽多事，便插疏篱却甚真。"上自王朝江山，下至庶民走卒，皆怀有一颗悲悯之心，这就是杜甫。

某日风起，秋天如约而至。

望着眼前的秋景，他写了《秋野五首》，很有些隐逸味道。以下是其中三首：

秋野日疏芜，寒江动碧虚。系舟蛮井络，卜宅楚村墟。
枣熟从人打，葵荒欲自锄。盘餐老夫食，分减及溪鱼。

易识浮生理，难教一物违。水深鱼极乐，林茂鸟知归。
衰老甘贫病，荣华有是非。秋风吹几杖，不厌北山薇。

礼乐攻吾短，山林引兴长。掉头纱帽侧，曝背竹书光。
风落收松子，天寒割蜜房。稀疏小红翠，驻屐近微香。

寥廓与疏淡融为一体，这便是杜甫笔下的秋天。

说起秋，便不得不提到中秋，这是一个团圆的节日，但对于外地的游子来说，是一个思念的节日，漂泊在外，只能望着天上那轮明月寄托自己对故乡的思念。月下的人间，有相聚也有离别。

尽管妻子儿女就在身侧，杜甫还是难忍思乡之情。天高地阔，辗转流离，故乡越来越远，几乎成了天涯，他无法不感伤。他写了两首《八月十五月夜》，不仅写了自己的感伤，也写了普天之下如浮萍般漂泊之人的哀愁。甚至，其中还有对大唐王朝难复兴盛的喟叹。他说，"满目飞明镜，归心折大刀"；他说，"张弓倚残魄，不独汉家营。"

在这个月圆之夜，杜甫依旧是愁闷的。

天上的满月如圆盘，此时的杜甫却觉得人生并不圆满，小到自己，大到国家，他似乎怎么也不能如意。除了自我感叹，杜甫也不忘祝福远方的人们，希望他们远离战乱，活得安泰，远离风雨。

之后的两个夜晚，他都曾在月下沉吟，而且都写了诗，分别为《十六夜玩月》和《十七夜对月》。

旧挹金波爽，皆传玉露秋。关山随地阔，河汉近人流。
谷口樵归唱，孤城笛起愁。巴童浑不寐，半夜有行舟。

秋月仍圆夜，江村独老身。卷帘还照客，倚杖更随人。
光射潜虬动，明翻宿鸟频。茅斋依橘柚，清切露华新。

这是一个憔悴的老人，在异地他乡的叹息。

这年重阳节，也许是独自一个人，也许是有人相随，杜甫登高伫立，遥望河山万里，回首生平往事，不禁悲从中来。就好像，多年以后，他除了苍老和病痛，一无所有。

此情此景，两百多年后的柳永曾在他的《曲玉管》中这样感叹："烟波满目凭阑久，一望关河萧索，千里清秋。忍凝眸。"他说，"每登山临水，惹起平生心事，一场消黯，永日无言，却下层楼。"杜甫写了首《登高》，心境也是如此。

风急天高猿啸哀，渚清沙白鸟飞回。

无边落木萧萧下，不尽长江滚滚来。

万里悲秋常作客，百年多病独登台。

艰难苦恨繁霜鬓，潦倒新停浊酒杯。

而就在头天晚上，杜甫还曾与那位吴姓朋友一起喝酒。他写了一首《晚晴吴郎见过北舍》，看上去颇有闲情逸致。但是一晚过后，杜甫登高望远，却已经是截然相反的心境。

圃畦新雨润，愧子废锄来。竹杖交头拄，柴扉扫径开。

欲栖群鸟乱，未去小童催。明日重阳酒，相迎自酦醅。

秋天，无处逃避，便只能以秋风佐酒。

时光与往事，寂寞与哀愁，都可以放在酒杯里。

一饮而尽，千载无声。满目秋凉，这也算是一种选择。

马致远在《夜行船·秋思》中写道："和露摘黄花，带霜烹紫蟹，煮酒烧红叶。想人生有限杯，浑几个重阳节？人问我顽童记者：便北海探吾来，道东篱醉了也。"东篱下，自有那诗人，和露摘黄花，煮酒烧红叶。

但是杜甫，耐不住东篱的寂寞。

他的目光，始终为远方，为人间世事而凄凉。

这个秋天，杜甫写了很多诗，大都悲伤，偶尔恬淡。他在《更题》中写道，"直怕巫山雨，真伤白帝秋"；在《晓望》中写道，"地坼江帆隐，天清木叶闻"；在《小园》中写道，"秋庭风落果，瀼岸雨颓沙"。

　　某日，杜甫去夔州城里参加饮宴，醉酒后忆起年轻时的恣意狂放，于是纵马疾驰，结果坠马受伤，引得一群朋友携酒嘲笑。带着几分幽默，他写诗《醉为马坠诸公携酒相看》，记载了此事。

> 向来皓首惊万人，自倚红颜能骑射。
>
> 安知决臆追风足，朱汗骖驔犹喷玉。
>
> 不虞一蹶终损伤，人生快意多所辱。
>
> 职当忧戚伏衾枕，况乃迟暮加烦促。
>
> 朋知来问腆我颜，杖藜强起依僮仆。
>
> 语尽还成开口笑，提携别扫清溪曲。

　　不知道是不是因为此次坠马，杜甫的左耳失聪了。他写了首《耳聋》，其中说，"眼复几时暗，耳从前月聋"。另外，他在《复阴》中也说："君不见夔子之国杜陵翁，牙齿半落左耳聋。"揽镜自照，只剩一副垂老多病的模样。

　　但他，依旧在把酒，依旧在忧虑，依旧在写诗。

　　他说："无贵贱不悲，无富贫亦足。曲直我不知，负暄候樵牧。"

　　他说："沧江白发愁看汝，来岁如今归未归。"

　　目光所至，是那个叫故乡的地方。

　　残生逗江汉，何处狎樵渔

　　故事里，我们皆是赶路之人。

桃李春风，江湖夜雨，我们终将轻轻挥去。

只留一个看似洒脱的背影给岁月，和故事外的人们。

大历二年（767）杜甫在夔州城里，既忙碌又清闲。迟暮之年，虽然时常感伤，却也不负诗酒。身体状况并不乐观，但那颗济世之心仍未磨灭。他总会想起故乡，想起曾经的朋友，想起远方的亲属。人到暮年，总喜欢回首往事，怅惘的眼神里，满是年轻时的身影和故事，越回首越悲伤。毕竟，走过的路，见过的人，大都只属于身后。

世事一场大梦，人生几度秋凉。

不知不觉，我们已是夕阳下独自踯躅（zhí zhú）的身影。

一枕秋凉下，杜甫写了首《偶题》。

文章千古事，得失寸心知。作者皆殊列，名声岂浪垂。

骚人嗟不见，汉道盛于斯。前辈飞腾入，余波绮丽为。

后贤兼旧制，历代各清规。法自儒家有，心从弱岁疲。

永怀江左逸，多病邺中奇。騄骥皆良马，骐驎带好儿。

车轮徒已斫，堂构惜仍亏。漫作潜夫论，虚传幼妇碑。

缘情慰漂荡，抱疾屡迁移。经济惭长策，飞栖假一枝。

尘沙傍蜂虿，江峡绕蛟螭。萧瑟唐虞远，联翩楚汉危。

圣朝兼盗贼，异俗更喧卑。郁郁星辰剑，苍苍云雨池。

两都开幕府，万宇插军麾。南海残铜柱，东风避月支。

音书恨乌鹊，号怒怪熊黑。稼穑分诗兴，柴荆学土宜。

故山迷白阁，秋水忆黄陂。不敢要佳句，愁来赋别离。

这首诗，是杜甫晚年对诗歌创作和中国诗歌史的见解，以及他对自己在其中所处位置的谨慎估计。王嗣奭（shì）《杜臆》评价说：
"杜甫一生都用在了写诗作文上面，才终于写成一部《杜诗》，这
首诗应当就是他自己写的序言。"

文章千古事，得失寸心知，这就是杜甫的态度。

写诗作文，风雅中有厚重。江山起伏，世事悲欢，尽在诗文之中。

就像曹丕所言："文章经国之大业，不朽之盛事。"

这年十月十九日，杜甫在夔州长史元持的家宴上看到了临颍
（yǐng）李十二娘的剑器舞。她是公孙大娘的弟子，技艺超凡，颇有
其师傅的风范。看到她的舞姿，杜甫恍然间仿佛回到了五十年前，
那时在郾（yǎn）城，他在人群里观看公孙大娘舞剑，从此对那飘逸
的身影念念不忘。那年，杜甫六岁。想起旧事，杜甫写了首《观公
孙大娘弟子舞剑器行》，前面有小序：

大历二年十月十九日，夔府别驾元持宅，见临颍李十二娘舞剑器，
壮其蔚跂，问其所师，曰："余公孙大娘弟子也。"开元三载，余尚童稚，
记于郾城，观公孙氏舞剑器浑脱，浏漓顿挫，独出冠时，自高头宜
春、梨园二伎坊内人，洎外供奉舞女，晓是舞者，圣文神武皇帝初，
公孙一人而已。

玉貌锦衣，况余白首，今兹弟子，亦匪盛颜。既辨其由来，知
波澜莫二。抚事慷慨，聊为《剑器行》。昔者吴人张旭，善草书书
帖，数尝于邺县见公孙大娘舞西河剑器，自此草书长进。豪荡感激，
即公孙可知矣。

五十年，不过弹指一挥间。

岁月风雨，将他雕刻成了如今的衰老模样。

但许多往事，一直在他心里，藏得深沉而妥帖。

一个流光溢彩的年代，早已谢幕。剩下的，是满目疮痍，和依稀可见的悲叹。而杜甫自己，就像是被时代遗忘的老人，在草木萧条的夔州山城散淡度日。

盛衰荣辱，浮沉悲喜，刹那已是陈迹。

当然，杜甫也常常为亲人离散、兄弟各自天涯而感伤。那些年，他的诗里总会出现弟弟们的身影，他们的名字分别为杜颖、杜观、杜丰、杜占。杜占曾在蜀中陪伴杜甫多日，杜颖也曾在几年前到成都看望过杜甫；杜丰从安史之乱后就和姑母留在江东，多年音讯全无。就在杜甫感叹兄弟零落的时候，杜观来到了江陵（今湖北荆州），接着又来到了夔州。

兄弟相聚，欢喜不尽。说着各自的经历，不胜感慨。

数日后，杜观前往蓝田完婚，杜甫前去送别，泪湿青衫。

他写了《舍弟观归蓝田迎新妇送示二篇》。

汝去迎妻子，高秋念却回。即今萤已乱，好与雁同来。
东望西江永，南游北户开。卜居期静处，会有故人杯。

楚塞难为路，蓝田莫滞留。衣裳判白露，鞍马信清秋。
满峡重江水，开帆八月舟。此时同一醉，应在仲宣楼。

从这两首诗我们可以知道，大历二年秋，杜甫已经打算离开夔州顺江而下。杜观说，在蓝田完婚后将回到江陵当阳，杜甫希望与他在仲宣楼把酒言欢。不过，种种原因导致计划延迟，杜甫在《秋清》中说，"天寒出巫峡，醉别仲宣楼"，又在《更题》中说，"只应踏初雪，骑马发荆州"。也就是说，要在冬天才能前往荆州。

晚秋，杜甫想念弟弟杜丰，作诗《第五弟丰独在江左，近三四载寂无消息，觅使寄此二首》。从诗中可知，东下的计划，再次推迟到了次年春天。

乱后嗟吾在，羁栖见汝难。草黄骐骥病，沙晚鹡鸰寒。
楚设关城险，吴吞水府宽。十年朝夕泪，衣袖不曾干。

闻汝依山寺，杭州定越州。风尘淹别日，江汉失清秋。
影著啼猿树，魂飘结蜃楼。明年下春水，东尽白云求。

就在那个秋天，吐蕃发动数万人马围攻灵州，朝廷命郭子仪镇守泾阳，长安戒严。十月，朔方节度使在灵州（今宁夏灵武西南）城下大破吐蕃，斩首二千余人，吐蕃败走。杜甫听说后，在次年正月写了《喜闻盗贼蕃寇总退口号五首》。其中写道："今春喜气满乾坤，南北东西拱至尊。大历二年调玉烛，玄元皇帝圣云孙。"

在此之前，杜甫收到了杜观的来信，写有《续得观书迎就当阳居止，正月中旬定出三峡》。在这首诗里，他明确表示，将前往长安。他说："俗薄江山好，时危草木苏。冯唐虽晚达，终觊在皇都。"

杜甫带着治国平天下的理想追求半生，终因生不逢时，未能如愿以偿。有过苦楚黯淡，有过颠沛流离，他终于在夔州过了一段富足安稳的日子。按理说，就此安度余生也是不错的。但是，不到两年，他再次决定离开。除了急切地想与兄弟团聚，还有别的原因。

虽然衣食无忧，但夔州这座小城，无论是环境还是气候，杜甫都不太满意，他也从未想过在这里安居乐业。他在《戏作俳谐体遣闷二首》中写道："异俗吁可怪，斯人难并居。家家养乌鬼，顿顿食黄鱼。"就是说，这里家家都养着鸬鹚（lú cí），每顿都吃黄鱼，对于在北方长大的杜甫来说，这是难以接受的。

他又在《南极》一诗中说："岁月蛇常见，风飙虎或闻。"对于长期住在夔州的人们来说，遇到蛇是件很平常的事，但杜甫觉得无法忍受。对于当地饮食习惯，杜甫也难以适应。他在诗中写道："塞俗人无井，山田饭有沙。"

另外，还有不少风土人情，也让杜甫无法接受。他在《负薪行》讲到当地风俗，由于男丁稀缺，很多女子直到年老色衰都没能嫁人，即使嫁了人，也要比男子承担更多的生活压力，种地砍柴，甚至冒着风险去贩卖私盐，都是司空见惯的事情。因此，杜甫在诗中说，这里的女子虽然头上插着银钗，鬓间插着鲜花，也不过是悲喜自知。

总之，对于这座小城，从生活习惯到风俗文化，杜甫都不是很满意。如果一定要选个地方长住，他希望是洛阳或者长安。前者是他的故乡，后者则是他期望实现理想的地方。因此，无论是恬淡的成都还是能够过富足生活的夔州，都留不住他。

决定了要离开，杜甫对夔州的产业做了简单的处理。他将四十亩柑林转送给了朋友，也就是他在此时所写《将别巫峡，赠南卿兄瀼西果园四十亩》一诗中的南卿兄。这个人，或许就是之前借住瀼西茅舍的那位吴某，又或许，只是个认识不久的朋友。

苔竹素所好，萍蓬无定居。远游长儿子，几地别林庐。

杂蕊红相对，他时锦不如。具舟将出峡，巡圃念携锄。

正月喧莺末，兹辰放鹢初。雪篱梅可折，风榭柳微舒。

托赠卿家有，因歌野兴疏。残生逗江汉，何处狎樵渔。

西和东屯屋舍的处理方式，他没有在诗中提及。

初春，所有事情打点妥当，他离开了夔州。五十七岁，再次上路。他在他的故事里，结束了安逸，重新起程。外面，世事苍茫，江水汤（shāng）汤。悲欢纠葛，阴晴变幻，一如从前。

所有人都在自己的故事里，寻寻觅觅，走走停停。

偶尔望向别人的生活，或悲或喜，不起波澜。

我们，都是别人故事外面的看客。

暮光下的漂泊

杜甫再次出发，把自己交给了道路。

苍苍年岁，老病孤舟，是暮光下的漂泊。

大历三年（768）二月，杜甫携家人离开了夔州，从白帝城登船前往江陵。旅途中，他在巫山有过短暂停留，参加了一个告别宴会，作诗《巫山县汾州唐使君十八弟宴别，兼诸公携酒乐相送率题小诗留于屋壁》，其中写道："卧病巴东久，今年强作归。故人犹远谪，兹日倍多违。接宴身兼杖，听歌泪满衣。"

经过峡州时，他再次登岸，与友人把酒，留诗《春夜峡州田侍御长史津亭留宴》。他说："白发烦多酒，明星惜此筵。"舟过三峡，惊异于两岸壮美的景色，他写了首八十四行的长诗，题为《大历三年春白帝城放船出瞿塘峡久居夔府将适江陵漂泊有诗凡四十韵》。

这首诗，在描述三峡胜景的同时，杜甫再次回味了自己寥落的人生。

临近江陵时的某个晚上，他写了《旅夜书怀》。

细草微风岸，危樯独夜舟。星垂平野阔，月涌大江流。
名岂文章著，官应老病休。飘飘何所似，天地一沙鸥。

即使到了暮年，他依旧心有不甘。

他的抱负，本来是这样：致君尧舜上，再使风俗淳。

然而，多年以后，仕途坎坷，抱负落空。如果是仅仅以文章扬名四海，他一定会无法释怀。对于悲天悯人的杜甫来说，诗文照耀千古，终究抵不上用自己的力量，为黎民百姓赢得哪怕一处小角落的安定温暖。

李白说，"山随平野尽，江入大荒流"；杜甫说，"星垂平野阔，月涌大江流"。两者异曲同工。不同的是，李白写这两句的时候，正值意气飞扬的年岁，满是天下任我遨游的豪气；而杜甫，面对平野大江，看到的是自己萧瑟的身影。

孤舟月夜，人似沙鸥。身归何处，他并不知晓。

几乎可以说，这是个没有着落的春天。

三月，杜甫抵达江陵。江陵又名荆州城，前身为楚国国都"郢"（yīng），从春秋战国到五代十国，先后有三十四代帝王在此建都。

从汉朝开始，江陵长期作为荆州的治所而存在，因此常以荆州专称江陵。

江陵位于湖北省中部偏南，地处长江中游，江汉平原西部，南临长江，北依汉水，西控巴蜀，南通湘粤，古称"七省通衢（qú）"。唐代设江陵县为荆州治所，是当时的南方重镇。

唐肃宗时曾两度设南都江陵府，是唐代的五都之一。

不知为何，杜甫在荆州的日子，并没有出现弟弟杜观的身影。仲宣楼痛饮的画面，并没有如约出现。这年二月商州发生叛乱，八月吐蕃入侵凤翔，长安很不安稳。弟弟杜丰依旧杳无音信，杜甫也不想贸然前往江东。因此，杜甫在江陵滞留到了这年的暮秋。

幸好，他有几个故人在江陵，比如郑审和李之芳。郑审是郑虔的弟弟，现在是江陵少尹；李之芳是杜甫漫游齐鲁时的齐州太守，后来被吐蕃扣留两年，放归后被提拔为礼部尚书，此时在江陵逗留。此外，杜甫的远房堂弟杜位如今也在江陵，他在荆南节度使卫伯玉帐下担任行军司马。不知为何，杜甫在江陵所写的诗里，不曾出现孟云卿和薛据的身影。

那年春夏，杜甫经常与郑审和李之芳相邀，饮酒唱和。人到暮年，江湖漂泊，诗酒往来的情景很是难得。一天，书堂饮酒后，杜甫写了首七绝，题为《书堂饮既，夜复邀李尚书下马，月下赋绝句》。

湖月林风相与清，残樽下马复同倾。

久拼野鹤如双鬓，遮莫邻鸡下五更。

夜深人定，月色如水。两三好友，把酒忘机。

如此的陶然快意，杜甫是喜欢的。只是，多年以后，与他月下对饮的，没有了豪迈的高适，没有了飘洒的李白，没有了博学的郑虔，没有了儒雅的苏源明。自然地，也没有了骄纵奢靡却对他礼遇有加的严武。

这天晚上的酒杯里，盛满了醉意，也盛满了往事。

一饮而尽，虽有豪兴，终究不是当年狂歌痛饮的味道。

流落天涯，杜甫也只能淡然自处。这个夏天，几个好友相聚，甚至有了联句成诗的雅兴。某天晚上，在为朋友举行的饯行宴会上，杜甫与李之芳，还有另一个诗人崔彧（yù），依次吟诗联句，成了一首八韵律诗，题为《夏夜李尚书筵送宇文石首赴县联句》。

爱客尚书重，之官宅相贤。——杜甫

酒香倾坐侧，帆影驻江边。——李之芳

翟表郎官瑞，免看令宰仙。——崔彧

雨稀云叶断，夜久烛花偏。——杜甫

数语敧纱帽，高文掷彩笺。——李之芳

兴饶行处乐，离惜醉中眠。——崔彧

单父长多暇，河阳实少年。——杜甫

客居逢自出，为别几凄然。——李之芳

联句成诗，是古代文人爱好的游戏。由于对格律和意境都有很高要求，文人雅士多热衷于此。杜甫在与朋友们把酒酬唱的时候，联句的场景应该不少。可惜的是，在杜甫的存世诗作中，联句诗仅此一首。

那年春夏之间，杜甫还有若干诗篇留世。他在《归雁》中写道，"年年霜露隔，不过五湖秋"，在《短歌行赠王朗司直》中写道，"仲宣楼头春色深，青眼高歌望吾子，眼中之人吾老矣"。他应该是去过当阳，也曾在仲宣楼与人一起喝酒，就是诗中所说的王朗。

然而，他的诗中并没有提及杜观。如果杜观在这个春天突然不知去向，那么，仲宣楼把酒的时候，杜甫肯定是不安和落寞的。当然，我们希望，并不是杜甫没有与弟弟相聚，而是关于相聚的诗作都遗失了。

这年初秋，杜甫曾计划往东南顺流而下前往岳阳，再转向东北前往沔（miǎn）州，继而改道汉水，向西北前往襄阳。他在《登舟将适汉阳》中写道："生理飘荡拙，有心迟暮违。中原戎马盛，远道素书稀。塞雁与时集，樯乌终岁飞。"

不过，这个计划因为李之芳的突然病故而取消了。

他作了《哭李尚书》，深沉哀悼好友。

漳滨与蒿里，逝水竟同年。欲挂留徐剑，犹回忆戴船。
相知成白首，此别间黄泉。风雨嗟何及，江湖涕泫然。
修文将管辂，奉使失张骞。史阁行人在，诗家秀句传。
客亭鞍马绝，旅榇网虫悬。复魄昭丘远，归魂素浐偏。
樵苏封葬地，喉舌罢朝天。秋色凋春草，王孙若个边。

相知成白首，此别间黄泉。

许多相知相惜的故事，到最后都是这样的情景。

人间天上，两处茫茫，杜甫的悲伤渐渐无处言说。除了老友的不幸离世，现实处境也让杜甫忧心不已。那些日子，虽然不乏诗酒兴致，朋友们也偶有接济，但对于杜甫一家人的生活，这样的接济几乎是杯水车薪。毕竟，这些人都不像严武和柏茂琳那样豪奢阔绰。与堂弟杜位之间，数次交集，也仅仅是诗酒往来。

另外，他的身体也是大不如前。如今的他，耳朵失聪，与人交谈需要对方将要说的话写在纸上，右臂偏瘫，书写还需要儿子代笔，偶尔受邀前往赴宴，也是备受当地官员冷落。世情冷暖，他虽已尝遍，但还是不免感慨。他写了首《秋日荆南述怀》，言辞甚是凄凉。

蛟螭深作横，豺虎乱雄猜。素业行已矣，浮名安在哉。
琴乌曲怨愤，庭鹤舞摧颓。秋水漫湘竹，阴风过岭梅。
苦摇求食尾，常曝报恩鳃。结舌防谗柄，探肠有祸胎。
苍茫步兵哭，展转仲宣哀。饥籍家家米，愁征处处杯。
休为贫士叹，任受众人咍。得丧初难识，荣枯划易该。
差池分组冕，合沓起蒿莱。不必伊周地，皆登屈宋才。

他在《水宿遣兴奉呈群公》中也写道："暮年漂泊恨，今夕乱离啼。童稚频书札，盘餐讵糁藜。我行何到此，物理直难齐。"就是说，尽管他努力周旋，生计问题终究未能解决，而且每况愈下。渐渐地，孩子们连玉米野菜糊这样的饭食都吃不到了。

凄寒落魄，就是杜甫此时的生活。

黄叶飘零的季节，日子像极了外面的秋天。

暮年际遇，让人不忍下笔。

亲朋无一字，老病有孤舟

人生太短，岁月太长。

不知不觉，我们已是白发苍苍，岁月却依旧年轻。

年近六十的杜甫，生活困窘，连安享晚年都很难做到。他自己可以安贫乐道，纵然两手空空，至少还有诗酒，但是让妻子儿女跟着他四处飘零，他很是惭愧。清代黄景仁在《杂感》中说："十有九人堪白眼，百无一用是书生。"恐怕，那些年的杜甫也有这样的感叹。

从夔州到江陵，仅仅在半年以后，情况就急转直下，这大概是杜甫没有想到的。由此我们可以猜想，他在夔州的房舍和田地等物，并没有变卖，而是转赠他人了，否则不会在半年后就再次到了山穷水尽的地步。说到底，杜甫就是个真正的文人，处事简单而直率，往往不计后果，却也因此，生活难免窘迫。

事实上，李白也是这样。如果能把日子过得节俭一些，精打细算，他的生活绝不会穷困。但如果是那样，也就不是李白了。真实的情况是，李白为人慷慨，遇到贫寒的人就会尽力帮助，而且出手大方。年轻时，他在吴越漫游，不到一年，散金三十余万。后来，被玄宗赐金放还，本可以安享余生，却在挥金如土的日子里渐渐困顿。

这两人，难怪能成为知己，行事方式何其相似。

傻气十足，却又尽显豪爽慷慨。这就是文人的性情。

大历三年（768）深秋，江陵的日子难以维持，杜甫移居江陵以南的公安县。登船之后，他写了一首诗遥寄给郑审，题为《舟出江陵南浦，奉寄郑少尹审》。

更欲投何处？飘然去此都。形骸元土木，舟楫复江湖。
社稷缠妖气，干戈送老儒。百年同弃物，万国尽穷途。
雨洗平沙净，天衔阔岸纤。鸣螀随泛梗，别燕赴秋菰。
栖托难高卧，饥寒迫向隅。寂寥相响沫，浩荡报恩珠。
溟涨鲸波动，衡阳雁影徂。南征问悬榻，东逝想乘桴。
滥窃商歌听，时忧下泣诛。经过忆郑驿，斟酌旅情孤。

他说："百年同弃物，万国尽穷途。"

年岁苍老，生活窘困，诗也随之失去了生气。

看上去，此时的杜甫，几乎已经是穷途末路。

在公安县，杜甫一家受到了卫大郎的热情款待。卫大郎虽然没有名气，但从小喜欢诗词文赋，杜甫写诗的才华和慈悲的心怀，都让他钦慕不已。此时，他突然遇见了杜甫，看到杜甫生活落魄，便主动伸出了援手。

事实上，此时能给予杜甫接济的，除了他的少数朋友，也就是这些真正为他的才华和品性倾倒的市井平民了。显赫的人，对他反而是唯恐避之不及。荒年冷月，雪中送炭的温暖，让杜甫无比感动。为表示感谢，他写诗相赠，即《移居公安敬赠卫大郎》。其中，有对自己生平的感叹，也有对卫大郎的赞赏。

卫侯不易得，余病汝知之。雅量涵高远，清襟照等夷。
平生感意气，少小爱文词。江海由来合，风云若有期。
形容劳宇宙，质朴谢轩墀。自古幽人泣，流年壮士悲。

水烟通径草，秋露接园葵。入邑豺狼斗，伤弓鸟雀饥。

白头供宴语，乌几伴栖迟。交态遭轻薄，今朝豁所思。

　　除了卫大郎，杜甫在公安县还曾与著名书法家顾诚奢，以及李贺的父亲李晋肃有过往来，并且都有诗相赠。不过，都是萍水相逢，刹那之间，天涯聚散。

　　暮秋时节，宗武生日，年迈的父亲无法给他一场盛大的生日宴，只是写诗《宗武生日》以作纪念。其中写道："小子何时见，高秋此日生。自从都邑语，已伴老夫名。诗是吾家事，人传世上情。熟精文选理，休觅彩衣轻。"

　　宗武是杜甫的幼子，杜甫曾多次在诗中提到并称赞他，在《忆幼子》诗中说："骥子春犹隔，莺歌暖正繁。别离惊节换，聪慧与谁论。"在《遣兴》中说："骥子好男儿，前年学语时。问知人客姓，诵得老夫诗。"可见，宗武从小聪慧，杜甫对他很是喜爱，这首诗也透着一些自豪。

　　他说，"诗是吾家事，人传世上情"，显然并不是自我标榜。

　　从远祖杜预到祖父杜审言，家族多有名士诗人，而他自己更是以诗著称于世。因此，他勉励宗武，诗是我家祖辈相传的事业，要继承和发扬。另外，他告诫宗武，要趁着青春年少，熟读《文选》等著作，不要荒度时光。即便年老多病，生活困顿，他还是为儿子的生日简单庆祝了一番。父子深情，不言而喻。

　　只不过，字里行间也透着些悲凉。

　　他自己，熟读经史，志存高远，最后不过是零落江湖。

　　但在儿子面前，他是笑着的，那是余生勉强堆起的笑容。

满脸皱纹，满头白发，和那个枯槁的身体，经残阳映照，成了一首诗，平平仄仄，写满风雨兼程。韵脚无声，都是沧海桑田般的痕迹。

冬天，杜甫曾打算前往江州，在庐山找个地方隐居。这件事，在《留别公安太易沙门》一诗中有所提及。他在诗中说，"隐居欲就庐山远，丽藻初逢休上人"，还想着江州的梅花大概已绽放了。不过，也许是路途遥远等原因，他最终放弃了前往江州的计划，而是去了洞庭湖以东的岳州（今湖南岳阳）。

离开公安县，是残冬的某个清晨，他写了首《晓发公安》。

北城击柝复欲罢，东方明星亦不迟。
邻鸡野哭如昨日，物色生态能几时。
舟楫眇然自此去，江湖远适无前期。
出门转眄已陈迹，药饵扶吾随所之。

这个清晨的出发，仍是漂泊的起点。
人在舟中，舟在江上，渺然不知何往。
此间和别处，都是流浪的地方。人生如梦，路过的，皆是他乡。
时光易逝，老病缠身，江海飘零的苦楚，少有人知。
在岳州，看到洞庭湖畔人民生活艰辛，杜甫作诗《岁晏行》。

岁云暮矣多北风，潇湘洞庭白雪中。
渔父天寒网罟冻，莫徭射雁鸣桑弓。
去年米贵阙军食，今年米贱太伤农。

高马达官厌酒肉，此辈杼轴茅茨空。

楚人重鱼不重鸟，汝休枉杀南飞鸿。

况闻处处鬻男女，割慈忍爱还租庸。

往日用钱捉私铸，今许铅铁和青铜。

刻泥为之最易得，好恶不合长相蒙。

万国城头吹画角，此曲哀怨何时终？

百姓忧乐，世间冷暖，他始终记挂在心。

多年后，虽然贫苦无依，但他还是悲天悯人的模样。

某天，他登上了向往已久的岳阳楼，凭栏远眺，面对烟波浩渺、壮阔无限的洞庭湖，感叹造物神奇的同时，想到自己漂泊无定的晚年，不禁感慨万千，写了首《登岳阳楼》。

昔闻洞庭水，今上岳阳楼。吴楚东南坼，乾坤日夜浮。

亲朋无一字，老病有孤舟。戎马关山北，凭轩涕泗流。

天地昼夜，仿佛都在洞庭湖里，浮沉摇曳。

若是年轻时，登楼赏景，对酒吟诗，该是何等快意！

可现在，他带着苍老枯瘦的自己来到了这里。一樟平湖，映出的是漂泊的凄楚，和此生怀才不遇的悲伤。尽管如此，他还在为那个残破的国家忧心着。他知道，关山以北，烽火仍未止息。凭栏遥望，不知不觉已是老泪纵横。

实际上，他自己还在漂泊。

在天涯，在孤舟上。

愁吟独老翁

每个人都是江湖。

有快意，有喧嚷，有飘洒，有彷徨。

人来人往，花谢花开，我们最终都会走向寂静。

大历四年（769）正月，杜甫离开岳州，乘船向南前往衡州（今湖南衡阳）。这次去衡州，是为了投奔相识多年、现在当了衡州刺史的韦之晋。几年前，韦之晋到湖南任职，杜甫写诗遥寄，诗中写道"王室仍多故，苍生倚大臣。还将徐孺子，处处待高人"。显然，对这位老朋友，他有不低的评价和期望。

途中，他在潭州（今湖南长沙）停留了几天，其间他登上了湘江西岸的岳麓山，并将所题写的诗《岳麓山道林二寺行》写在了岳麓山寺的墙壁上。半个世纪后，又有不少诗人在这面墙上题诗，他们对杜甫的文采和书法都赞赏有加。

　　暮年且喜经行近，春日兼蒙暄暖扶。
　　飘然斑白身奚适，傍此烟霞茅可诛。
　　桃源人家易制度，橘洲田土仍膏腴。
　　潭府邑中甚淳古，太守庭内不喧呼。
　　昔遭衰世皆晦迹，今幸乐国养微躯。
　　依止老宿亦未晚，富贵功名焉足图。
　　久为谢客寻幽惯，细学何颙免兴孤。
　　一重一掩吾肺腑，山鸟山花共友于。

宋公放逐曾题壁，物色分留待老夫。

潇湘大地，人在春天里。

江平水阔，草长莺飞。风景明丽秀美。

只是心情，未必能像风景这般明媚。老病缠身，旅途劳顿，让五十八岁的杜甫即使有欣赏美景的心情，笔下却总是充满凄凉。在这场漫长的旅程中，他写了不少诗。

他在《宿凿石浦》中写道："缺月殊未生，青灯死分翳。穷途多俊异，乱世少恩惠。鄙夫亦放荡，草草频卒岁。"他在《南征》中写道："偷生长避地，适远更沾襟。老病南征日，君恩北望心。百年歌自苦，未见有知音。"他在《早发》中写道："有求常百虑，斯文亦吾病。以兹朋故多，穷老驱驰并。早行篙师怠，席挂风不正。"他在《过津口》中写道："物微限通塞，恻隐仁者心。瓮余不尽酒，膝有无声琴。圣贤两寂寞，眇眇独开襟。"

在船上度过了许多日子，杜甫终于来到了衡州。没想到，不久之前，韦之晋已调任潭州刺史。故友相见，把酒言欢，晚年也有晚年的情致。不过，几日后，韦之晋便离开衡州前往潭州赴任了。

大概是患病的原因，杜甫在衡州停留了好几个月。长时间在船上颠簸，肺病、风痹、糖尿病等数症并发，他不得不停下来休养。在这期间，他写了《咏怀二首》。

高贤迫形势，岂暇相扶持。疲苶苟怀策，栖屑无所施。
先王实罪己，愁痛正为兹。岁月不我与，蹉跎病于斯。
夜看鄂城气，回首蛟龙池。齿发已自料，意深陈苦词。

邦危坏法则，圣远益愁慕。飘飘桂水游，怅望苍梧暮。
潜鱼不衔钩，走鹿无反顾。皦皦幽旷心，拳拳异平素。
衣食相拘阂，朋知限流寓。风涛上春沙，千里侵江树。
逆行值吉日，时节空复度。井灶任尘埃，舟航烦数具。
牵缠加老病，琐细隘俗务。万古一死生，胡为足名数。

他说，等身体好转后，要往南边走，去岭南。

然而，晚年多病，前路茫茫。杜甫已经去不了多少地方。

事实上，他并没有前往岭南。这年夏天，他从衡州折回潭州。不幸的是，在他起程的时候，才知道韦之晋已经因病去世。不久后，他抵达潭州。为了缅怀故友，他写了《哭韦大夫之晋》，感叹世事无常。

汉道中兴盛，韦经亚相传。冲融标世业，磊落映时贤。
城府深朱夏，江湖渺霁天。绮楼关树顶，飞旐泛堂前。
帘幕疑风燕，笳箫咽暮蝉。兴残虚白室，迹断孝廉船。
童孺交游尽，喧卑俗事牵。老来多涕泪，情在强诗篇。
谁继方隅理，朝难将帅权。春秋褒贬例，名器重双全。

他说："老来多涕泪，情在强诗篇。"

人老了之后，本应该选择一个清静的地方，安度晚年。

听雨看云，写诗品茶，悠然自得。这是多少人梦想的晚年生活。

如果可以，杜甫也希望自己的晚年如此度过。但是，现在的他，满头白发，拖着一具病体，四处漂泊。许多日子，他只能在船上度过。

在潭州，他租下简陋的房子，算是有了栖身之处。但他仍在奔走，甚至不得不靠摆摊卖药来维持生计。

某天，他在茶坊认识了一个叫苏涣的年轻人，两人一起喝茶闲聊，苏涣还将自己的诗读给杜甫听。苏涣不缺才华，而且见解不凡，杜甫对他很是欣赏。和这样的年轻人对坐闲谈，杜甫也会想起自己那些年少轻狂的岁月。之后，两人来往频繁，时常聚在一起饮酒喝茶，纵谈古今。

苏涣这个人，史料记载不多。只知道，他年轻时在巴蜀等地是绿林好汉，擅长用白弩，过往商旅对他的名字是闻之色变。后来，他发奋读书，考中了进士。韦之晋去世后，继任潭州刺史的崔瓘（guàn）曾请他做府中从事。那些年，杜甫所见到的人，大都是些庸俗之辈，苏涣的出现，使他在暮年感受到了些许快意。

这个冬天，苏涣给杜甫的生活带去了不少慰藉。但杜甫的生活仍旧艰难，他写了《蚕谷行》《朱凤行》《对雪》等诗，词句凄凉。

北雪犯长沙，胡云冷万家。随风且间叶，带雨不成花。

金错囊垂罄，银壶酒易赊。无人竭浮蚁，有待至昏鸦。

愁吟独老翁。孤寂之情，清晰可见。

马戴在《灞上秋居》中写道："落叶他乡树，寒灯独夜人。空园白露滴，孤壁野僧邻。"杜甫虽不像这样孤苦伶仃，但是天涯漂泊，总是凄凉滋味。

新春之日，他为儿子宗武写诗，题为《元日示宗武》。

汝啼吾手战，吾笑汝身长。处处逢正月，迢迢滞远方。
飘零还柏酒，衰病只藜床。训谕青衿子，名惭白首郎。
赋诗犹落笔，献寿更称觞。不见江东弟，高歌泪数行。

对这个儿子，他有着很高的期望。

因此，不久之后，他再次为其写下《又示宗武》一书。

觅句新知律，摊书解满床。试吟青玉案，莫羡紫罗囊。
暇日从时饮，明年共我长。应须饱经术，已似爱文章。
十五男儿志，三千弟子行。曾参与游夏，达者得升堂。

尽管，他自己虽然饱读经书，却是报国无门，晚年还要流落江湖，但他还是勉励宗武，苦读诗书，熟悉治国之策，不要玩物丧志。

他当然知道，即使有惊世之才，也未必就能受到重用。但毕竟是诗书传家，他不允许自己的儿子疏于才学。

已经是大历五年（770）春天，李龟年流落潭州。安史之乱以后，他四处漂泊，每逢良辰美景，总要吟唱几首。只是，曲调哀婉，再也没有从前的激越和明快。听歌的人也由曾经的王公贵族变成了如今的市井平民。偶然的机会，杜甫听到了他的歌声，勾起了漫长的回忆。他写了首《江南逢李龟年》，不胜感慨。

他们都老了，曾经的美好岁月，都已经随着开元盛世的没落而远去，留给他们的，是夜雨江湖，残灯明灭。

在寒食节这天，杜甫作诗《小寒食舟中作》。些许闲情，但更多的是惆怅。

佳辰强饮食犹寒，隐几萧条戴鹖冠。

春水船如天上坐，老年花似雾中看。

娟娟戏蝶过闲幔，片片轻鸥下急湍。

云白山青万余里，愁看直北是长安。

　　勉强吃了一点饭后，杜甫靠着乌皮几（蒙上黑色羊羔皮的桌子），头戴褐色帽子，席地而坐，身影消瘦，目光凄凉。乌皮几是杜甫心爱的一张小桌儿，一直带在身边，他在其他诗中还写道："乌几重重缚。"意思是虽然乌皮几已经破旧，也缝补过许多遍，但始终不舍得丢弃。

　　春天一如从前的明艳，他却已是老眼昏花。

　　蝶鸥往来自由，各得其所。他却是零落天涯。

　　尽管如此，他还是一直记挂着大唐王朝的安危。

　　北望长安，人事缥缈，蓦然间已是愁绪满怀。

凄凉落幕

　　大历五年四月，潭州刺史兼湖南团练观察使被湖南兵马使臧玠（jiè）杀害，潭州大乱。杜甫不得不带着一家老小逃难，回到了衡州。他在《白马》《入衡州》两首诗中记录了这场叛乱。另外，他还写了首《逃难》，算是他对流亡生涯的总结。

五十白头翁，南北逃世难。疏布缠枯骨，奔走苦不暖。
已衰病方入，四海一涂炭。乾坤万里内，莫见容身畔。
妻孥复随我，回首共悲叹。故国莽丘墟，邻里各分散。
归路从此迷，涕尽湘江岸。

红尘万丈，竟然没有他的容身之处。

对他来说，所有行走都是流浪，所有路过都是天涯。幸运的是，在漂泊的路上，妻儿还在他的身旁，家的温暖，给了人无限的慰藉。但是回首来路，依旧会发出几声叹息，不知何日才是归期。

在衡州，杜甫向刺史杨济推荐同样流落到这里的苏涣，称赞苏涣才干卓越，可以协助平定潭州的叛乱。不过，杨济对年轻气盛的苏涣并没有兴趣，没有起用他。

不久后，杜甫离开衡州，计划南下郴（chēn）州，因为他的舅父崔伟在郴州担任录事参军。然而，进入耒（lěi）阳境内后，江水大涨，无法继续前行。他们停在方田驿，几天都很难找到食物。耒阳的聂县令听到消息后，带来美酒佳肴送给他们，杜甫写诗表示感谢，却没能及时交给聂县令。几日后，江水回落，聂县令派人寻找杜甫，却没有找到，县令以为他已经溺死在江中，便在耒阳县北建了座空坟以作纪念。

因为这座坟，后来便有了这样的传说：杜甫饿了许多天，聂县令送来酒肉后，他因为一下吃得太多，当晚就死去了。这个传说在中唐以后流传很广。而且，《旧唐书·杜甫传》也有这样的记载："寓居耒阳。甫尝游岳庙，为暴水所阻，旬日不得食。耒阳聂令知之，自棹舟迎甫而还。永泰二年，啖牛肉白酒，一夕而卒于耒阳，时年五十九。"

看到这里，忽然又想起了关于李白的那个浪漫传说，人们说，李白并不是病死，而是醉酒后探月而死。杜甫一生穷困潦倒，于是人们更愿意相信，他是在流亡中饱餐而死，但这都只是一些传闻罢了。

实际上，杜甫在耒阳无法前行，停留了一些日子后，便回到了衡州。夏末的时候，潭州叛乱平复，他又返回了潭州。在此期间，他写有一首《回棹》。

宿昔试安命，自私犹畏天。劳生系一物，为客费多年。

衡岳江湖大，蒸池疫疠偏。散才婴薄俗，有迹负前贤。

巾拂那关眼，瓶罍易满船。火云滋垢腻，冻雨裹沉绵。

强饭莼添滑，端居茗续煎。清思汉水上，凉忆岘山巅。

顺浪翻堪倚，回帆又省牵。吾家碑不昧，王氏井依然。

几杖将衰齿，茅茨寄短椽。灌园曾取适，游寺可终焉。

遂性同渔父，成名异鲁连。篙师烦尔送，朱夏及寒泉。

从这首诗我们可以知道，回到潭州后，杜甫还想过北上汉阳，甚至曾设想回到阔别多年的洛阳或者长安。可惜，病患缠身，加上囊中羞涩，他已经无力回到故地。就像他在《逃难》中所写："归路从此迷，涕尽湘江岸。"他注定要在湘江江畔，漂泊到最后。

最后那几年，他似乎感觉到自己将不久于人世，在写给朋友的诗里，时常表现出这样的情绪。比如，在大历四年冬天所写《暮秋枉裴道州手扎，率尔遣兴，寄递呈苏涣侍御》一诗中，就有这样的句子："致君尧舜付公等，早据要路思捐躯。"意思是，他在人间已经时日无多，"致君尧舜上"的心愿，只能留给朋友们替他完成了。

秋天，杜甫在潭州为李衔送行，写有《长沙送李十一衔》。

与子避地西康州，洞庭相逢十二秋。

远愧尚方曾赐履，竟非吾土倦登楼。

久存胶漆应难并，一辱泥涂遂晚收。

李杜齐名真忝窃，朔云寒菊倍离忧。

西康，就是同谷。当年，他们是在那里认识的。

转眼已经过去了十二年。洞庭重逢，他还是漂泊落魄的模样。

当年，"建安七子"之一的王粲，生逢乱世，怀才不遇，长期客居他乡，写下《登楼赋》，尽管也曾慨叹"虽信美而非吾土兮，曾何足以少留"，但毕竟还时常去登楼。如今的杜甫，有着相似的情况，却连登楼的心情都没有了。

对这首诗的最后两句，历来都有争议。一般的理解是，杜甫自谦说，有愧于和李衔齐名。不过也有人认为，这里的李指的是李白，依旧是杜甫自谦。刘克庄《后村诗话》中说："甫、白真一行辈，而杜公云'李杜齐名真忝窃'，其忠厚如此。"

兴许，当时李衔曾将杜甫与李白相比，而杜甫表示愧不敢当。

不管怎样，在这场离别中，杜甫目光凄然。因为，李衔要去的，是杜甫念念不忘的长安。而他的北归念想，在这个秋天彻底落空。尽管，他曾写有《暮秋将归秦，留别湖南幕府亲友》一诗，留别在湖南的朋友们。

> 水阔苍梧野，天高白帝秋。途穷那免哭，身老不禁愁。
>
> 大府才能会，诸公德业优。北归冲雨雪，谁悯敝貂裘。

这年冬天，杜甫从潭州出发，向北前往岳州。

经过洞庭湖时，杜甫的风疾更加严重，半身偏瘫，卧床不起。

他写有《风疾舟中伏枕书怀三十六韵奉呈湖南亲友》，应是绝笔之作。

> 轩辕休制律，虞舜罢弹琴。尚错雄鸣管，犹伤半死心。
>
> 圣贤名古邈，羁旅病年侵。舟泊常依震，湖平早见参。
>
> 如闻马融笛，若倚仲宣襟。故国悲寒望，群云惨岁阴。
>
> 水乡霾白屋，枫岸叠青岑。郁郁冬炎瘴，蒙蒙雨滞淫。
>
> ……
>
> 披颜争倩倩，逸足竞駸駸。朗鉴存愚直，皇天实照临。
>
> 公孙仍恃险，侯景未生擒。书信中原阔，干戈北斗深。
>
> 畏人千里井，问俗九州箴。战血流依旧，军声动至今。
>
> 葛洪尸定解，许靖力难任。家事丹砂诀，无成涕作霖。

五十几年的人生，刹那间已经走到了尽头。

功名事业，都一无所成，还要浪迹湖湘，他难掩心中的悲伤。

这首诗是杜甫对自己颠沛流离生涯的总结，也可以说是自挽诗。

即使生命到了最后，他仍在关心国事民生。他知道，安史之乱以来，整个大唐王朝，从长安到边境，战争不断，民生凋敝。他也知道，大唐中兴，遥不可及。他的悲伤，更多的是因此而生。

不久之后，就在这条舟中，他萧然离世。

是大历五年（770）冬。这年，他五十九岁。

走得不声不响，就像他凄凉的人生。

突然沉默，整个世界再无声响。动乱也好，纷争也好，与他再无瓜葛。而人们，从未忘记，那些残年冷月，曾有个枯瘦身影，天涯零落，白发苍苍，还始终记挂着江山社稷和万千黎民。他的悲喜，往往不为自己。凉薄的世界里，他活得深情而慈悲。

杜甫去世后，家人无力将他的灵柩（jiù）送回故里，只好安置在岳州。直到四十三年以后，元和八年（813），他的孙子杜嗣业四处筹措资金，想尽办法，才将祖父的遗骨迁回偃师，安葬在首阳山下杜预和杜审言的坟墓旁边，完成了杜甫魂归故里的遗愿。另外，杜嗣业还请诗人元稹为杜甫写了墓志铭。元稹对杜甫推崇有加，他在那篇墓志铭中说，历代诗人中，可与杜甫相提并论的寥寥无几。

杜甫生前，甚至是死后的若干年里，都没什么名气。到中晚唐时，以元稹、白居易、韩愈为代表的一批诗人，开始极力推崇杜甫，一些诗歌选集中有了杜诗的身影，杜甫才逐渐为人所知。

越到后来，杜甫的声名就越是显耀。宋代的秦观写了篇《韩愈论》，里面将杜甫与孔子相比，说杜甫的诗就像孔子的思想，是集大成的。再后来，许多文人将杜甫的诗与《论语》《孟子》等著作相提并论，认为都是儒家经典。

明代文人王稚登，在《介刻李杜诗集序》中写道："余曷敢言诗，问诸言诗者有云，供奉之诗仙，拾遗之诗圣。"他应该是第一个将杜甫称为诗圣的。再后来，专门研究杜甫的明代文人王嗣奭（shì），在诗中写道："青莲号诗仙，我翁号诗圣。"从此以后，杜甫诗圣的称号流传至今。

只是，再多的赞誉和景仰，他都无法知晓。

正如他诗中所写："千秋万岁名，寂寞身后事。"

他已从人海遁出。尘世间的繁华寥落，故事里的起承转合，他都不再过问。当然，后来的人们，总不免沿着他走过的路，探寻他当时的悲喜。从故乡到异乡，从少年到白头，走着走着，年华老去，盛世凋零。

许多人，渐渐没了声响；许多事，渐渐成了陈迹。

带着满身沧桑，他活得风骨独具。他有广阔的视野，下至庶民草木，上自家国河山。一颗心，为黎民而辗转，为社稷而忧患。站得很低，却看得很远。于是，笔触所及，有湖山风月，更有众生苦乐，有世事的完满与残缺。人生悲凉，但也足够厚重。

一支笔，描摹天地，吟诵沧桑。

他在冷寂的时光里坐着，荒凉却不悲观，落魄却不绝望。

多年后，岁月为他立起了丰碑，无数人拜谒。

只因，那段故事千年后仍有回音。

那些诗，仍照耀着人间。

ⓒ 随园散人 子宛 2024

图书在版编目（CIP）数据

杜甫传 : 青少插图版 / 随园散人 , 子宛著 . -- 沈
阳 : 万卷出版有限责任公司 , 2024.1
ISBN 978-7-5470-6373-6

Ⅰ . ①杜… Ⅱ . ①随… ②子… Ⅲ . ①杜甫（712-
770）– 传记 – 青少年读物 Ⅳ . ① K825.6-49

中国国家版本馆 CIP 数据核字 (2023) 第 180197 号

出 品 人：王维良
出版发行：北方联合出版传媒（集团）股份有限公司
　　　　　万卷出版有限责任公司
　　　　　（地址：沈阳市和平区十一纬路29号　邮编：110003）
印 刷 者：北京中科印刷有限公司
经 销 者：全国新华书店
幅面尺寸：145mm×210mm
字　　数：200千字
印　　张：8.25
出版时间：2024年1月第1版
印刷时间：2024年1月第1次印刷
责任编辑：胡利
责任校对：张莹
封面设计：弘果文化传媒
版面设计：小T
ISBN 978-7-5470-6373-6
定　　价：45.00元
联系电话：024-23284090
传　　真：024-23284448